哲学的慰藉

〔古罗马〕波爱休斯 著

The
Consolation
of
Philosophy

北京联合出版公司
Beijing United Publishing Co.,Ltd.

图书在版编目（CIP）数据

　　哲学的慰藉 /（古罗马）波爱休斯著；贺国坤译 . -- 北京：
北京联合出版公司，2015.1（2026.1 重印）
　　ISBN 978-7-5502-3908-1

　　I. ①哲…　Ⅱ. ①波…　②贺…　Ⅲ. ①新柏拉图主义—哲学
思想　Ⅳ. ① B502.44

　　中国版本图书馆 CIP 数据核字 (2014) 第 260293 号

哲学的慰藉

作　　者：［古罗马］波爱休斯
出 品 人：赵红仕
责任编辑：王　巍
封面设计：王　鑫

北京联合出版公司出版
（北京市西城区德外大街83号楼9层 100088）
北京新华先锋出版科技有限公司发行
三河市中晟雅豪印务有限公司印刷　新华书店经销
字数72千字　787毫米×1092毫米　1/16　13印张
2015年1月第1版　2026年1月第4次印刷
ISBN 978-7-5502-3908-1

定价：29.80元

译者序

《哲学的慰藉》是古罗马著名思想家波爱修斯最负盛名的作品。这部伟大著作成书于约公元524年，是波爱修斯被关押在帕维亚监狱时期的思想结晶。此书特殊的创作背景和深刻的文化内涵，使它与朋霍费尔的《狱中书简》以及哈维尔的《狱中书简》并称为"人类文明三大狱中书简"。当代英国学者伯内特曾对此书作出如下评价："这本书是仅次于《圣经》而对西方思想和文化产生最深刻影响的书，是西欧全部文化精髓的来源。"

人生与命运、信仰与追求，是被人类社会一直探讨的永恒话题，尽管文明发展的脚步从未停歇，但这一问题至今仍然深深困扰着人类。《哲学的慰藉》是一部关于人生思辨的哲学著述，更是一部叩问生命意义的心灵之书。正如书名所示，这是哲学对灵魂的亲切慰藉。一千多年以来，书中内容感动并启迪了无数的读者，希望也能使您从中获益。

本书除了思想深刻、意蕴悠远之外，语言的优美流畅也是它的一大特点。因此在翻译的过程中，笔者尽可能地保持了原著的语言风格，以期使读者更全面地领略原著的美妙之处。

衷心希望每一位读者都能从中得到心灵的慰藉。

目录

content

卷三　幸福之所在

卷一　精神之痼疾

如果你真想把病痛好好治治

的话，就必须把伤口露出来。

我往昔的诗草，意气风发，

如今我，唉，落笔生悲，黯然且神伤，

看那些悲怆的缪斯，何以助我成章。

哀哉悲哉，真挚的泪水打湿了我的脸庞，

恐怕她们至少会与我结伴而行。

伙伴们一如往昔

不堪沉寂啊：她们曾经是

我青春少年时期的荣耀；

现今在我风烛残年之时

她们又来安抚我。

因为衰年悄然而至，病痛催人老啊，

还有这忧戚，也绝不饶人；

我满头白发，容颜衰颓，

再看我这不支的身子骨：油尽灯枯。

如果死神降临，不是在

一个人快乐之时

而是恰逢他痛不欲生，

那该多惹人喜爱。

可对我的哀号，他却充耳不闻；

狠心的他，不容我将泪眼闭上。

虽说早年命运眷顾于我，

但这等苦熬，也未免令我垂头丧气——

再看欢愉这东西，宛若昙花，指望不得啊！

既然她阴沉、伪诈的脸有所改变，

我这恶浊的人生，也只好苟延残喘。

唉！朋友们，为何，

为何你们总要把我的幸福恭维？

一个行将就木的人

脚步早就蹒跚不稳了。

当我在心里这样静静思考，将满腔怨恨诉诸笔端之时，我感到好像有一个女子在低头看着我。她一脸威严，眼光如炬，透着超越常人的洞察力；她的肌肤圆润而有光泽，但是她古典端庄，恍若隔世。我不清楚她有多高，有时候，她把身子缩起来，和平常的人一样高；有时候，她头上戴着的冠冕好像顶到了天边，尤其是

缪斯斯女神们

当她把头高高昂起的时候，好像伸到了天上，看不见了。她的服饰华贵，由上好的绸缎制成，而且做工考究——由她亲手缝制——她跟我说过后，我才知道的。可是由于历经岁月沧桑，衣服失去了鲜艳的色泽而显得些许陈旧，灰蒙蒙的样子就像摆在某人家厅堂里的祖宗塑像落满了灰尘一般。衣服的下摆绣着希腊字母Π（P），而上沿绣着字母Θ（Th）[1]，在这两种字母之间有呈阶梯状的记号，我们可以从低到高沿着这些阶梯状的记号爬上一个个字母。可惜的是这件衣服已经被人疯狂地撕掉了，而且能被拽走的东西都已经被人毫不留情地拽走了。现在，她右手持书，左手执笏。

当看到诗神缪斯们站在我的面前，想要帮我遣词造句、抒发情感的时候，她先是愣了一下，接着目光凌厉，厉声说道："是谁让这些艺伎和这病夫在一起的？她们不仅医治不了他的病痛，还会用甜蜜的

---

1 Π和Θ分别代表了哲学中的实践哲学和理论哲学。

毒药，给他雪上加霜。她们这样做，是用情欲的荆棘去毁坏理性的累累果实；她们的目的不是帮助他解除病痛，而是要让他对于现状泰然处之。如果你们和往常一样，只是将一个目不识丁的粗人诱入歧途，那也就算了，因为对我们来说没有大的损失。但是现在，你们诱导的却是一个接受过爱利亚学派和学园派[1]思想教育的人，这样我就不能再坐视不管了！你们这些妖妇，快住手吧！不要再诱惑人，让人堕落！快把这个人留给我的缪斯，让她们来照顾他，帮助他康复。"这些缪斯们受到了呵斥，一个个都垂头丧气、面带愧色，无奈地离开了我的卧室。至于我自己，早已感动得泪眼婆娑，看不清这个口气威严的女子的样子；我被她的举动惊得哑口无言，眼睛低垂着，但同时我也在默默地等待，看她接下来会怎么做。只见她走了过来，并坐在床的另一端。她一面深情地看着我那泪流满面的苦脸，一面吟诗对我内心的糊涂进行哀叹。

---

1 爱利亚学派是早期希腊哲学中最重要的哲学流派，产生于公元前6世纪，代表人物有克塞诺芬尼、巴门尼德、芝诺和麦里梭。学园派是以古希腊哲学家柏拉图所创办的学园为中心而形成的唯心主义哲学学派，最早的代表人物是柏拉图的外甥斯彪西波。

二　哲学抚慰我心

哎！他沉溺于欲海多么深啊！

他的内心，昏聩、黯然、黑暗，

他涉世既多昧愚，调治又苦无良方，

流俗之风将他吞噬，

生活失了章法。

当初这人

可是喜欢在晴天徘徊于

天国路上；也常常

凝眸于玫瑰色的阳光，欣赏着

明亮的月色，

观察着列星游移的路痕，

看它们旋轨生变——凡此种种

他都用数理[1]与规律来掌握和规定。

他还追问并且知晓其中的缘由：

为何风会呼啸着掀起海浪，

究竟是什么气团拨转了恒星的星体，

又为何太阳会从火一样红的东方升起，

然后沉入西方的浪涛之中，

究竟是什么致使大地回春，

玫瑰花遍地盛开，

又是谁带来了秋天的累累果实，日子完满时

让葡萄成熟。

他正是这样，探索并诠释了

自然界的各种奥秘。

但如今，他卧床不起，

心中的光亮也渐渐消失，

他项上凝重的枷锁，压得他不能直身，

他需要调息，可他不知，

他满眼所见到的

---

1 数理（Numeris）指的是数学天文学：自柏拉图学生欧多克索斯以后，希腊天文学家都谋求建构有关日、月、行星（"游星"）的数学"模型"，以便精确计量它们的位置和运动。波爱修斯学过天文学，并在托勒密天文学的基础上，写过一本拉丁文的天文学教材（已逸）。

唯有黑沉沉、硬邦邦的土地。

　　这个女子说道："可是啊，也不能只批评他，该是为他治疗的时候了。"接下来，她的眼睛炯炯有神地注视着我，并说："你，不正是在我的乳汁哺育之下，在我的膳食喂养之下，才长大成人的吗？你不是已经有了我给你的装备？如果不是你自己废弛，现在你也不会有什么病痛，必定是健健康康的，对吧？你不认识我了吗？为什么不说话啊？你不说话，是因为害羞，还是因为茫然无措？虽然我希望你是害羞，但是我看得出你其实很茫然。"她见我不仅是沉默无语，而且是一副瞠目结舌的样子，便把手温柔地放在我的胸口上，说道："他其实并没有什么病痛，只是有点无精打采罢了，但凡是心眼受了迷惑的人，都会这样。他已记不太清楚他自己了。以前他是认识我的，为了让他康复，就让我来把他的双眼擦亮吧，只要将那蒙蔽了他的双眼的烟雾拂去，他就可以康复起来。"于是她抬起手，拢起袖，帮我擦干了脸颊上纵横的泪水。

三　心智回归

夜幕消散开了，黑暗也弃我而去；

我双眸复明，敏锐如初。

好似在西北风肆虐的当口，

在云雨遮天、蔽日、晦光之时，

在繁星升起之前，

黑夜弥漫大地之际，

突然从色雷斯巨穴[1]吹出一阵北风，

1　希腊神话中的风神伊俄勒斯（Aeolus）安置风的山洞；色雷斯位于希腊的东北部，对希腊人来说，"色雷斯"喻指"北方"。

驱走了漫长的黑夜，迎来了白昼，

霎那间，日光熠熠，

璀璨辉煌。

　　就这样，心中的愁云消散了，我沐浴在清澈的阳光中。我康复得很好，已经能够认出这位救治我的女子了。我细细打量着她，发现照顾我的不是别人，正是曾经养育过我、年少时我经常出入她家的哲学女王。于是，我问她："圣洁善良的女王，您怎么会来到我这里呢？为什么您要离开天上舒服的宝座，不远千里来到这放逐我的荒无人烟的地方呢？您这样做是同我一起受罪，为什么要来受这样的苦？"她却反问我说："你，难道要我撇下你，对你置之不理吗？难道我不应该来为你分担劳苦，不应该来帮你减轻那因为我的原因使你遭到憎恶、给你带来的压力吗？哲学女王怎么可以把一个无辜的人独自遗弃在路上呢？而且我还要顾忌别人会怎么说我吧？这样前所未有的事情，我害怕、逃避还来不及呢！你说，这是邪恶世界第一次向智慧女王发动攻击、侵害吗？早在柏拉图时代之前，不是已经有很多次我和愚顽势力进行殊死搏斗那样的事吗？到了柏拉图的时代，我不是在他的老师苏格拉底罹难殉道的时候一直陪伴着他吗？而柏拉图之后，那伊壁鸠鲁学派、斯多葛学派和其他想要继承柏拉图的智慧的一干人等，却把我当成他们的战利品，让我来不及分说和抗争，就硬是撕扯了我亲手编织的衣服，并拽着衣服的碎片扬长而去，好像一副旗开得胜的样子。因为他们的衣着和我的打扮有点儿像，所以目不识丁的人们很容易受到蒙蔽，错误地以为他们中有我的仆从。而且，就算你对阿那克萨戈拉从雅典逃离、苏格拉底喝下了毒芹汁、芝诺受苦等其他外邦旧事不明白，你总应该知道凯纽斯（Canius）、塞涅卡（Seneca）、索拉纳斯（Soranus）吧[1]？他们的事迹并没有随着岁月的流逝而被人遗忘。他们这些人之所以遭遇了灾难，正是因为，他们都得到了我的抚育，照着我的那一套方式进行思考，使得他们的行为志向看上去和那些恶徒有明显的分别。既然我们不可避免地要遭到恶人的嫉恨，那当我们畅游在今世生活之海的时候，便注定要经受风吹浪打的袭击。那些恶徒固然来势汹汹，但是我们也应该兵来将挡、应付自如，因为他们那些人不过是乌合之众，没有统一的领导和纪律，狂热却无知。他们向我们一顿狂轰滥打，而我们的统帅——智慧女王则鸣金收兵，全然不顾恶徒们胡乱地搜罗无用的辎重。他们进行了一次次骚扰，又一次次被粉碎；我们站在高地，看他们辛苦地搬运那些没有用处的东西，觉得十分可笑。正是因为有这样的一堵墙，愚顽势力虽然张狂但也不能翻越，而我们仍安然无恙。"

1　阿那克萨戈拉，古希腊哲学家、原子唯物论的思想先驱，因反传统宗教和神话的主张，被人攻击，以"不敬神"的罪名被驱逐出雅典；苏格拉底，古希腊哲学家，被保守派贵族以煽动青年、污辱雅典神的罪名处以死刑；芝诺，爱利亚人，数学家、哲学家，对他的死人们说法不一，有的说他因蓄谋反对爱利亚的僭主，而被拘捕、拷打，直至处死；凯纽斯、塞涅卡以及索拉纳斯号称是帝王们的"斯多亚对头"，分别死于卡里古拉和尼禄之手。

四　控诉世道之不公

他曾将高傲的命运踩在脚下，

他行止有度，内心平静，

他向来直视幸运与厄运，

始终能够把他那不屈的头颅高高昂起，

这样一个人，即便是波涛汹涌的大海，

也无法以惊涛骇浪去撼动他，

即便是频频喷涌的维苏威火山，

也无法以烟雾沸腾的熔岩去摧毁他，

即便是击倒高塔的列缺霹雳，

也不能惊扰他。

而那些可怜虫，却为何

竟被外强中干的暴君们弄得迷迷糊糊？

他们若是不抱希望、不怀畏惧，

便能驯服那不堪一击的怒火；

然而，他们一个个因恐惧或者欲求而战栗，

五内躁动而又不能自持，

显然已经上缴了枪械，放弃了阵地，

并铐上了镣铐，供人驱使。

　　她说：“现在你总应该明白我的意思了吧？你那受了困扰的心总应该开窍了吧？我难道是在对牛弹琴吗？为什么你还要再哭泣呢？荷马说了，‘不要把话闷在心里，要说出来。’如果你真想把病痛好好治治的话，就必须把伤口露出来。”

　　我定了一下神，回答道：“您还用再继续问下去吗？我在命运手中所受到的摧残还不足以说明问题吗？看到这间房子的摆设，难道您没有触景生情吗？还有这个图书馆，也就是您以往从我屋里挑选的休息的地方，我们在这里一起探讨过人世间以及神界万事万物的知识，您难道忘记了吗？每当您为我解析出自然的秘密时，每当您用那支笔为我画出星星运行的轨迹时，每当您按照天体的模式为我定制出性格和生活的全部模式时，我的样子和表情难道是现在这样的吗？我恭恭敬敬地为您效命，怎么竟会落到如此的下场？正是您，才可以借柏拉图的手笔，制定出这样的规则：只要是哲学家做王或做主的邦国，就都可以享受福乐。您还借柏拉图之口，对我们说，哲学家为了不让政权落到卑鄙小人的手里，不得不亲自过问政务，以避免那些小人把好的东西腐蚀或摧毁掉。也正是因为遵循着您的这一教导，我才决定把我在闲暇时候从您那里学来的一套东西，运用到公共管理实践中去。您和其他的神都很了解我的意思（神把您安放在哲学家们的心中），知道我任职的动机和其他一切善良的人们没有什么分别。这也就是我和小人之间经常会产生难以调和的根本矛盾的主要原因。我一直坚守自我良心的自由，那样的结果是，我常常能够维护原则、遵守规矩，但是，最终理所当然的是我也极大地冒犯了那些家伙。

"每当考尼伽斯图妄图掳掠弱者财富的时候，我不是一再破坏他们的行动吗？每当皇室的官员崔贵腊妄图行事不公的时候，尤其是当他正在行凶作恶的时候，我不也是挺身而出，阻止他了吗[1]？尽管为别人出头会使我冒很大的危险，但是每当见到那些贪得无厌的恶霸们用无休止的恶意去中伤、折磨贫穷、弱小的人们的时候，我也总是会拔刀相助。没有人能使我偏离正道、为非作歹。恶霸盘剥，国家课税，乡民们家家遭殃，我常常为此感到痛心疾首，甚至比乡民自己还要痛心。有一年大饥荒中，眼见政府不可避免地要开展一场横征暴敛行为，坎帕尼亚省将深深陷入困境，考虑到广大人民群众，我便

1　我们对崔贵腊或考尼伽斯图了解不多。意大利东哥特国王狄奥多里克的宰辅（波爱修斯的后任）卡西奥多鲁斯（Cassiodorus）曾经给考尼伽斯图写过一封信。

15

毅然站出来，在君主面前和当时的执政官员对决，我反对进行强行收购（Coemptio）[1]，结果我胜利了。宫廷里的爪牙们个个都贪图保利努斯（他在当时是一个具有领事头衔的人）的巨额财产，想要把他的财产都侵吞掉，看到这些我费尽力气把他的财产都为他争取了回来。另一个同样具有领事头衔的人叫作亚尔比努，当他将因为所谓的犯罪未遂罪受到惩罚的时候，我为了保护他，也和对他进行控告的人居普良针锋相对。我对自己这样的慷慨激昂感到满意，这有什么不好吗？我的确是在别人感到更为安宁的时候，自己才更满足，因为我尊崇公道，我没有依赖朝臣的爱戴，而求取自我的安宁。既然这样，那些对我进行指责、使我陷入难堪境地的人，到底是些什么样的人呢？巴西流就是其中的一个：他曾经为君王效命，后来被解职；他因为欠下大笔债务而怨恨我。另外还有两个人，是奥比利奥和高登图斯。他们很奸诈，被君王下令流放，可是他们不服从上令，躲到了一个庙里。君王知道后，命令他们限期离开拉文纳，否则就在他们的脑门上烙上字后再驱逐出境。他们受到那样的严惩，是罪有应得，对吧？但是就在期限来临之际，他们竟然指名道姓，骂起我来了！您说，我做了那么多，最后得到的究竟是什么？难道是他们心中早已有的信念，使他们变得怨天尤人了？暂且不说无辜的人遭到如此横骂，单就说责骂人这样卑鄙，最起码也说明了命运的耻辱，不是吗？

"他们对我最主要的指控您想知道是什么吗？说我想保护元老

---

1   Coemptio 作为一种军需补给手段，是在普通税收之上再另外追加一部分，通常以强行收购的方式来获得；在帝王统治的后期，这样的行为不再被允许，被法律严格限制。但是因为色雷斯地区税收入不敷出，这样的行为还时有发生。在前期，这种手段被那些肆无忌惮的官员滥用；这里指的是他们把粮食低价收购来，再用高价售出。

院。我怎么会做那样的事呢？他们指控说，我一直在对那些指控者进行阻挠，不允许他们提供证据，因为凭借这些证据，他们就可以定元老院的叛国罪了。您对这又是怎么想的呢，女王？我是不是应该否认这些指控，以免您因此为我感到耻辱？但是我真的很希望元老院能够得到保护，我没有办法放弃这样的想法。或者我承认这些指控好了？可是这样做，就谈不上伺机阻挠他们的告发者了。那我得说，试图维护元老院秩序本身就是一种错误的做法吗？就凭那些它订立的冲着我来的法令，已经说明这一秩序本身是一个错误。但是，说是由于自我蒙蔽造成的疏忽，也无济于事；而且，遵照苏格拉底的教诲，我想，隐瞒真相或是承认错误，对我来说都是不可取的。究竟这件事的真相是怎样的，我要留给您，让您自己去判断，还要留给哲学家们，让他们自己去定夺；当然，这件事的真实细节也不能向后代隐藏，所以我在这里记录下来，以作存照。为什么我要提及那些伪证（有的伪证指控说我为了罗马人的自由折腾不已）呢？如果我当初同意采用那些指控者的表白（由于这一点对这些事都有至关重要的影响），那么，就可以很明显地看出那些指控的虚假性。现如今，若是还有自由可言的话，又能指望什么样的自由呢？我很愿意借凯纽斯的话来回答：当卡利古拉说凯纽斯要蓄意谋害他时，凯纽斯回敬他说：'如果我要是蓄意的话，就不会让你发现了。'对我来说，忧戚还没有能够使我变得鲁钝，以至于不知道自己在抱怨那些恶徒们居然以恶报德；而且有了一种疑虑：他们居然能够如愿以偿！因为对于人来说，心生恶念也许不一定是多么可怕的劣迹，但在神看来，凶恶的念头不可避免地都会对无辜的人来实施，这毫无疑问是一件非常可怕的事情。这也难怪您的一名学生会这样问：'如果真的有神明，那凶恶的念头从哪里来的？如果没有神明，那善良的念头又是从哪里来？'那些图谋侵害善良的人和元老院的恶人们，自然也想把我置于死地，因为他们认为我在为好人和元老院抗争。但是，我的遭遇，还不仅仅是因为元老院这个问题吧？我想您还记得（因为您与我同在，您指引着我的一言一行），当初维罗纳君王[1]一心要把对亚尔比努的叛国罪指控归给整个元老院（只因为他恨不得把元老院完全废除），而那时，我却英勇地站出来替整个元老院体制正名。我想您知道，我所说的句句属实，绝不是自吹自擂；因为假如一个人把他所做的全都公之于众，引得他人的议论，那么在某种程度上，那种暗暗自诩的心态就减弱了。然而您也看到了，虽然我是无辜的，但我的下场却是：我不但没有因为做了善事而受到奖赏，反而因为没有做过的恶事受到惩罚。通常对某种罪行供认不讳，会使得法官们一致决定严惩，即使有普通人都容易犯错、众生命运无常等的理由，也没办法从他们那里得到从宽处理，这个世界上有这样的罪吗？如果他们指控我的罪行是企图烧毁教堂、刺杀教士，或者要谋害所有的好人，那么，无论是真正实施还是仅仅图谋，无论是坦白罪行抑或是被抓个正着，我接受任何处罚都理所当然，无话可说。现在却因为我维护元老院，要抄我财产、判我死刑，而我自己又远在他乡，不能为自己辩护。天啊！我敢肯定地说，没有

---

1 这里指狄奥多里克（约公元455年~526年），是意大利东哥特（公元493年~526年）国王，也被称为狄奥多里克大王，后统治罗马，波爱修斯做了他的宰辅，却于公元523年被其降罪入狱。

人会因为受到诸如此类的指控而被定罪！

"那些对我进行指控的人，深知这其中的奥妙。他们为了用秽行来诋毁我的人格，就欺骗人们说我为了往上爬，不惜昧着良心去做见不得人的勾当。但是，我内心有女王您居住在那里，您把我内心深处的种种尘俗欲念驱走了；而在您的眼皮底下做任何见不得人的勾当，都代表着十足的恶劣，因为您平常热心教导我的是毕达哥拉斯的'追随神'[1]理论。如今该是时候让我去努力扶持卑下的心灵了，因为您一直以优秀的思想教导我，想要让我变得和神一样。而且，我的房子也不是藏垢纳污的地方，我对好人很友善，另外我那和您一样可敬的岳父也是很正直的，所有这些事实都能帮我排除我的犯罪嫌疑。然而那些指控我的人实在是顽固不化，他们恰恰是从您那里获取了这次指控的相关证据：由于我沉湎于您的学说，而且按您的方式得到成长，所以我看起来很像是非法分子的天然同党。由此可见，对您的尊敬不仅对我没有益处，而且您自己也不免因为我的冒犯而受到侮辱。除了这些，我的问题还在于——我现在才最终明白了：常识并不关注定案是否得当，而只关心命运的结局，就是仅以成败来论英雄。这样一来，人们最先关心的是好名声，不幸的人失去的也会是这个东西。我不愿意去想人们是如何对我的事评头论足的，是如何飞短流长、意见不一的。我想说的只是：一个可怜虫被指控有罪，人们肯定认为他罪有应得，这就是那不怀好意的命运让人人承负的重轭。我做善事换来的结果却是惩罚：现在我一无是处、名誉扫地，而且无从反驳流言

---

1 未必是毕达哥拉斯的说法，而是希腊"古格言"之一，类似于各哲学学派所津津乐道的格言："认识你自己。"

飞语。我好像看到，那些恶人们在罪恶的渊薮肆意地制造罪恶，那些坏人们在蓄意编造一个接一个虚假的指控，而那些善良的人们，则为我这样的遭遇感到战战兢兢。那些卑劣、邪恶的人，因逍遥法外而更加胆大妄为，因尝到好处而变本加厉；而那些无辜的人，不仅不得安宁，甚至连为他们自己申辩的机会也没有。对于这些，我不禁要大声疾呼。"

五　我的困境

啊，制定诸星圆周轨迹的人，

高高坐在您那恒久的宝座上，

策动旋转诸天的人，

用您的法规固定着纷繁的星体——

例如，月亮时而盈满，明灿灿地

映照着太阳兄长的万丈光芒，

令众星相形见绌，

时而又临近苍白的日神，

失去了色泽，呈现出暗淡的面目；

再比如，当夜幕降临，

冰冷的金星升上苍穹，是为昏星，

后来它又沐浴在初阳的熹微中，是为晨星，

这般日复一日，交替不已；

在寒冬叶落之时，

您拖着白昼快速消逝，

在夏日炎炎之际，

您拽着夜幕匆忙而过。

凭借您的权力，您制定了四时隆替的秩序：

北风横扫，树叶狂飞，

春风轻拂，草木更生；

昨日大角星眼底蛰伏的种子，

成为今日天狼星晾晒的茂盛庄稼。

万事万物，各得其位，

无一能逃脱您最初制定的规则。

您以大智统领天下、指引万有，

唯有对人的所作所为，

您完全能够管束，却不愿为之。

另有这命运何以如此圆滑善变？

咎由自取的痛楚，

却让无辜的人去承受，

恶徒称王称霸，

坏人无端受宠，

个个骑在好人头上耀武扬威。

美德黯然失去光彩，

隐没在黑暗之中，义者遭受

不义者的伤害，

伪誓也好，欺诈也罢，

披着虚假的色彩，

损毁的不是他们自己；

总有一天，他们乐于操权弄柄，

他们也会去颠覆

万民畏惧的君王。

而为这世界立法的人，不管您是谁，

都请看一看这万恶的天地吧！

作为万物之灵，

我们人类反而在命运的江海中翻滚。

统治者，请控制汹涌的波涛吧，

用您管辖诸天的稳固律法，

使全世界得享安泰吧！

在我进行了这样一番诉苦之后，她并没有受到我的抱怨的影响，反而以一种平静的口吻对我说道："看你这样哭哭啼啼的，可想而知，你饱受流徙的痛苦；可如果不是你亲口说，我还真就不知道你被流放到了这样遥远的地方。你背井离乡，漂泊到远方！我说的是漂泊，而不是驱逐；如果你自己非要说是被驱逐的，那我只能说，你怎么将你自己驱逐到了这样遥远的地方！因为就你的处境来说，绝不可能受到别的什么人的驱逐。你一定还记得，你的母邦的样子：它不像古雅典那样被多数的人统治，而是'只有一个人统治，只有一个君主'，这个君主不热衷于驱逐人民，而能够与民同乐；真正的自由莫过于在他的领导之下，并遵守他的公正法则。你肯定很清楚，你自己的城市具有古老而且基本的律法，律法明文规定：不能够放逐一个已经选择居住在这里的人。是这样的吧？在它的城墙、基本防御设施内生活的各色人们，绝不会受到放逐惩罚的威胁；而如果谁不想再在那里生活，那他也就不会再享受到律法规定的那种保护。因此，我实际上是因为观察你，而不是因为观察这地方，才有所感触。我不十分主张把金碧辉煌的图书馆，作为你心灵的储藏室，因为我在你心中存储的，不仅是书籍，还有些别的东西——以往那些写在我书中的见解，它们赋予书籍以非常的价值。虽然你曾经做过的许多事情，而你只提到了当中很小的一部分，却真实反映了你为公益服务的事实。你谈到了你的诚实，或者说谈到了你受到的那些指控的明显的虚伪性。你确实有理由认为，只要你稍微提及那些指控你的人的卑鄙行为就可以了，因为人民对这些事都心知肚明，他们街谈巷议的话题总是离不开这些事情。你一直在对元老院的不义行为进行抨击。如果连我也挨了骂的时候，你会更感到无比痛心；你为我的名声受到玷污而痛心疾首。最后，面对你自己的厄运，你又有一肚子的苦水，抱怨说，你所遭遇的都不应该是你该遭遇的，你已经把你的祈求表达到诗歌的倾诉之中了：祥和的空气既然已经充满上天，也应当笼罩全部大地。不过呢，既然你遭受了愁乱情绪的冲击，悲愤和痛楚把你往各个不同的方向拉扯，既然你已经处于这样的状态下，那么，强劲的药物对你来说都已经不适合，所以我们需要先用一些温和的药物。这样，你因为激动或忧心造成的顽疾，就可以在我们轻轻的抚慰下得以软化，并逐渐可以接受较大手术的治疗。"

六　病根在于
忘记自我

当硕大无比的巨蟹座

在阳光下灼烧之时，

那些在贫瘠的犁沟中

撒下种子的人，

误以为可以收成谷物，

却不得不在橡树下拾捡橡子。

原本你也用不着

在咆哮的北风中，

当小草的尖尖叶儿飒飒作响之时，

在红树林中采集紫罗兰。

你很想吃熟透了的葡萄，就请不要贪婪地

砍掉春天的葡萄枝；

这样到了秋天，

酒神便有厚礼相送。

神明安排了季节，

使它们各司其职；

他不容许别人扰乱

他定下的秩序。

谁如果想改弦更张，

我行我素，

就一定没有好的下场。

　　"那好，我可以先问你一些简单的问题吗？通过这些问题我就可以明白你的心思，以利于我对症下药。"我说："请您随便问好了，只要有问题我一定回答。"于是她问我："你相信这个世界是受到偶然事件的牵引，还是觉得它在理性的引导之下？"我回答说："我从来就不认为，这样井然有序的世界是受到偶然或机遇的驱使；我反而相信，造物主正注视并引导着他造的物，我对这些千真万确的道理丝毫不会放弃。"她说："没错，在你刚才的诗句中，你也是这样认为的。你十分肯定地说，除了人类，其他的一切都受到理性的统治；但同时你又抱怨说，只有人类被排除在了可以受到神的眷顾之外。让我不解的是，你有这样健全的思想，为什么还会得病呢？还是让我们接着再深入地考察一下吧！我想可能是有某种东西遗落了。既然你不怀疑这世界是在神明的领导下，那请你告诉我，你认为那会是一种怎样的统治呢？"

我告诉她："您的意思我不大明白，所以这个问题我回答不上来。"

"我没有说错，的确是有什么东西掉落了，就好像铜墙铁壁出现了裂缝，疾病就是从这个裂缝中潜入到了你心里，我说得对吧？但是，请告诉我，你还记得万物的归宿吗？整个宇宙是朝着什么样的目标奔去的呢？"

我说："我倒是听说过这事儿。但是，痛苦和忧伤已经使我的记忆变得迟钝了。"

"那最起码你应该记得万事万物的起源吧？"

"记得，"我回答说，"他们都来自神明。"

"你既然知晓它们的来源，怎么会不知道它们的归宿呢？看起来这些困扰有这样的特点：它的力量会让人错位，但又不至于使人彻底迷失。我倒是想知道：你还记得你是人吗？"

"怎么会不记得呢？"

"那你告诉我，人是什么？"

"你是不是在问我，是否知道自己是理性、一定会死去的动物？我当然知道，而且我承认这一点。"

　　"你真的确定，不可能是其他的什么了吗？"

　　"绝不会是其他的什么。"

　　于是她说："那我就知道了，你有其他的病根，而且那里是要害所在：你已弄不清楚你自己是什么了。这样我就十分清楚你为什么患病，以及怎样帮你治病了。你是因为神志恍惚、忘却真我，所以悲叹你自己的流离失所和丧财厄运；你是因为不明白万物的指归，所以才说恶人走运、奸邪当道；你是因为忘了这个世界是受哪种力量掌控的，所以就认为命运无常。所有这些，轻则致病，重则致死。但是感谢天地，你的本性还没有全部丧失。你依然相信世事并不是随即偶发，而是有神圣理性的指导；你对世界的统治方式的真实见解，恰恰是你得以康复的可以燎原的星火。那就大胆地点燃这一点星火吧，你会变得生机勃勃。当然，现在还不是为你下猛药的时机。人心就是这样的，一旦丧失了真实的见解，就会捡起虚伪的见解，于是就会陷入了迷茫，真知被遮蔽了。因此，我还得首先给你来点和风细雨，把你的迷茫化解一下，把妄见的暗昧驱除，让你重新看到真理的灿烂光芒。"

　　乌云笼罩，
　　星月黯然。
　　南风激起，
　　海涛汹涌；
　　往日风平之际，
　　水波不兴，

哲学的慰藉

如今沉沙泛滥，

浊浪滔天，

混沌了我们的视线。

盘旋而下的山涧小溪，

常常被高崖落石

截流、淤淀了。

你也一样，若是你想要

看清真理，

谨守正道，

那就要远离享乐，

抛却恐惧，

摆脱欲望和忧戚，

因为但凡有这些东西作怪，

心灵就总会被蒙蔽。

卷二　淡看身外之物

你所抱怨的失去的东西，

假如真的属于你，

那它们绝不会失去。

一 命运如此善变

　　她沉默了一会儿。我被她的静穆吸引。她又说："假如我诊断得没有错的话，你的病因及病症是：欲望让你头脑糊涂，你贪图往日的好运，你认为这仅仅是命运中的一次波折，而实际上这命运已经使你一蹶不振。我十分清楚命运老妖的惯用伎俩，尤其是，她习惯用谄媚、讨好的手法去蒙蔽世人，在他们毫无准备的情况下却又把他们遗弃，使他们痛不欲生。你只需要回想一下，她究竟是怎么回事儿，她的所作所为以及她的真实分量，你就会发现，你其实并没有什么重

命运女神与乞丐

要的东西在她手上掌控着，你其实也并没有失去什么东西。我想，这些不用我多说，你也能想得起来。毕竟，以前她和你在一起，并笑嘻嘻地侍奉你的时候，你总是对她加以严词斥责，还援引哲学圣殿里的辩词来痛击她。然而，像这样的人事剧变，难免会把人的心智扰乱，即使是你，一时间也变得心神不定了。于今之计，你需要服下温和、可口的药物，你服用、吸收以后，你就能受得了烈药了。因此，接下来，我们还要使用循循善诱的修辞：确保它一定遵循正确的途径，不可以偏离我们的规则；它有时明快，有时低沉，和我们屋中的乐神翩然相协。"

"你这人呀，到底是什么使得你这样沮丧以致号哭呢？我想，你肯定是受到了非比寻常的惊吓。你认为，命运对你的态度发生了改变；其实你错了。这正是命运的一贯做法，这正是她的本性。她对你所做的，不过是一成不变地保持着她的反复无常；当她满脸笑容，以甜言蜜语哄骗你时，她其实还是那个样子。你已经看清楚了这股变色龙般的盲目的力量：她在世人的面前伪装得相当好，可是在你面前，却已经暴露无遗。你如果喜欢她，就跟随她而不必抱怨；你如果讨厌她的出尔反尔，那就鄙视她、排斥她吧，因为她的把戏正是要把人置于死地。你认为是她给你带来了巨大的伤痛。原本，这样的命运应该让你心神安宁才正确。她已经把你遗弃了。谁也没有办法断定，她是否还会再遗弃人。既然这种快乐注定要失去，你还会拿它当宝？纵然她的厮守不可靠，她的离弃给你造成了伤痛，你依然会认为与你同在的命运是那么亲切吗？假如你渴望她却不能把她牢牢抓住，假如被她遗弃的人都陷入悲惨的境遇，那这位转瞬即逝的女神，不就成为悲惨的一个明确的标记吗？只想着眼前这些事情是远远不够的：我们要谨慎地预测未来事物的发展趋势。即便未来可变而且模糊，但命运的威逼也不会再令人感到恐惧，她的花言巧语很难诱发对她的欲望。而如果你的脖子被命运之轭深深套住，你就只能在她的地盘上，默默承受任何发生在你身上的事情。你若是要为自己选定的女主人订立规矩，要规定她停留多久、什么时候离去，你这样不是在作乱吗？你没有办法改变命运，但是因为你的急躁，你的时运不是变得更加糟糕了吗？假如你借风来起航，你就得顺风而动，而不能随心所欲；假如你在地上播种，你就需要用丰年来平衡灾年。你已经把你自己全都交由命运统治，你就得对女主人的话言听计从。难道你真的想要停止命运之轮的转动吗？你简直太愚蠢了——因为，命运之轮一旦终止，那它就不再是命运之轮了。"

　　她挥舞着铁腕，旋转着变化之轮，

　　有时在这边，有时在那边，犹如潮汐般涨落，

　　无情踩踏着历代的霸主，

并且托起被征服的人的低垂着的脸——

目的仅仅是嘲弄他；

她心不在焉，既不聆听，也不关心

悲惨的人的啼哭哀号；

她在他的呻吟声中嘲笑着，

而这种种呻吟都是冷酷的她一手制造的。

她看见一个人时浮、时沉，

与此同时，

她也向臣民们显露奇迹，

她就这样嬉戏着；

她就这样证明着她自己的力量。

　　"但是，我依然想用命运的口吻，来说一下你的问题，看你是不是觉得她不对。她说：'你这个人啊，为什么每天都要抱怨我呢？我有什么地方对不住你吗？我把你什么好处剥夺了吗？不管让谁来评判，你和我都可以辩论一番有关财富和职位拥有的问题。如果你能证明，其中有哪一件东西是必死之人的财产，那么我就可以毫不犹豫并且欣然地承认，你所想拿回去的那些东西的确是你的。当你从母腹中呱呱坠地的时刻，我便接受了一丝不挂而且一无所有的你。我照顾你，随时优待你，甚至用我的财富去娇纵你、溺爱你（正是因为这样，你现在才会如此恨我）。我竭尽我的所能，使你的生活充满了优渥以及显赫。而现在我乐得撒手不管你了。你得感谢我，是我让你享受了原本不应该属于你的东西，而不是应该抱怨，好像是你自己的东西丢失了似的。所以，你还有什么好悲伤的呢？我并没有伤害你啊！

财富、荣誉等都受到我的支配，她们都是我的婢女。在她们的眼中只有女主人我，她们跟随我而来，随我而去。我可以明白地告诉你，你所抱怨的失去的东西，假如真的属于你，那它们就绝不会失去。为什么单单不允许我行使权利呢？天空有时明朗，有时沉入夜幕之中；岁月能够在地表编织花果之冠，继而雨打霜冻，令它的容貌变得模糊不清；大海也可以面露安详的笑容，然后震抖着，掀起惊涛骇浪。而我，难道只能够在人类不知满足的欲望控制之下，保持着一成不变（实际上这种不变却和我的本性相反）？因为，我的本性——我的永恒的游戏——乃是：我灵敏地转动着飞轮，我乐意使尊者为卑，使卑者为尊。你如果要上升，那就上吧；可是，一旦我的游戏进程需要你掉下来，你可不能怪我。我要怎么做事，你应该不会不明白吧？吕底亚国王克罗索斯的故事[1]，你总应该清楚吧？这个居鲁士的死敌，眼看着就要在大火中被活活烧死，结果老天却降了一场大雨，救了他。仁者艾米利·保罗，曾经俘虏了帕耳塞斯国王，却又为他的命运而潜然泪下，这件事儿你总应该记得吧？命运无端地倾覆欢乐之国，这

---

1 吕底亚（Lydia），小亚细亚中西部一古国，濒临爱琴海，位于今天土耳其的西北部。公元前547年，吕底亚国王克罗索斯与波斯帝国的居普士二世会战，后居普士攻占了吕底亚的首都萨第斯，活捉了国王克罗索斯。

样的悲剧怎么能不令人扼腕呢？朱庇特[1]庙前摆放着"两个坛子，其中一个盛着厄运，另一个则盛着福祉"，你在小时候听过这个故事吧？假如你拥有了更多的福分，假如我全然遗

朱庇特神庙

弃了你，假如我的善变正好给了你理由，让你有了更好的期盼，那你也不要抱怨，更不要希冀生活在为你特别而设的律法之下，因为你也只不过是芸芸众生中的一个。' "

即使丰产女神用尽她丰饶之角

流出的财富之巨

如大浪搅起的尘沙；

又如闪烁在清新夜空的繁星，

她的手繁忙不止，

人类也不会停止

抱怨自己的命苦。

即使神预备下黄金厚礼

馈应人们的祈求，

又把赫赫尊荣，赐予逐名的人，

---

1 朱庇特，众神之王，又被称为天神和凡人之父，希腊名为宙斯（Zeus）。他与兄弟波塞冬、哈迪斯三分天下，波塞冬主司海域，哈迪斯主司冥间，朱庇特主司天界。作为天界之神，他还掌控人间的一切事务，用风、雨、雷、电等天象向人类表达自己的意志。

可这些名利，他们根本

不放在心上；他们那难填的欲壑

仍然在打开新的胃口；只要

那些珠玉满堂的人

内心依然燃烧着攫取的欲望，

还有什么样的门槛儿

可以阻碍这贪婪的欲望？

他颤抖着，呻吟着，要这要那，

永不满足。

三　其实我仍旧是
个幸运儿

　　"如果命运用这样的口吻为自己辩解，你恐怕不知道怎么应对，是不是？如果你的确有话要说，能说明你的抱怨有理，那你就要把它说出来——现在轮到你了。"

　　于是我说："这些话好像很动听，有修辞，有韵律，还非常甜美。落魄的人听到了这样的甜言蜜语，自然会一时受用，可是他内心却藏着很深的委屈，一旦耳边没有了甜言蜜语，他内心深处的悲怆就会把他再度压垮。"

　　她回答说："没错，它们确实还不能用来为你治病疗伤，而它们只不过是贴在你难治的伤口上的外敷药罢了。一旦时机成熟了，我就会用一些渗透力更强些的药物。但是，你没有理由表现出可怜的样子。你可别忘了你那时所蒙受的福恩有多么的多、多么的广。这件事就不用我再多说了：你在丧父后就得到了贵人的照顾，并且能够和国内的上等人家结成亲家，这种亲戚可以说是非常难得的，甚至在你正式结婚之前，你就已经深受他们的宠爱了。入赘这样显赫的家族，和这样贤淑的妻子结成连理，还有多福子嗣在你膝下承欢，有谁不羡慕你呢？你年纪轻轻的就得到了那些名衔（那些可是别人到老也得不到的啊），这件事我也不提了（这样司空见惯的东西也就少提了）。我只说你独有的辉煌。当你见到家中两个儿子双双都成为执政官，和元老们位列同排，并受到欢喜的百姓拥簇的时候；当你发表歌颂君王的演说，并且因它的精彩而博得人们阵阵掌声的时候（那时候你的两个儿子正坐在元老院显赫的席位上）；当你坐在两个执政官中间，用一种在凯旋时刻才会有的慷慨，来满足聚集在你周围的那些集会人民的热盼和期望的时候——如果说在人世间的这些事情真的带来了幸福的话，那么，接二连三的灾祸，不管它有多么严重，它难道会把你以往荣耀的记忆抹去吗？当命运爱抚你、抱着你、把你当成宠儿的时候，我想你肯定是在赞美她！你所收到的这份礼物，她从前可是从没有给过任何公民。难道你还非得要和她算账才罢休吗？而现在她仅仅是第一次对你白眼以待啊。如若你衡量一下你所遇到的好事和祸患的数量以及种类，你就不会否认，到现在为止你仍旧是个幸运儿。假如现在，因为以往欢乐的事都逝去了，你觉得自己不幸，那你也就没有理由说你自己悲惨可怜，因为你现在认为悲苦的事情，也会烟消云散的啊！你难道是新手，或者是陌生人，才刚刚步入人生的舞台？时光如梭，人生的场景一幕幕流逝，你难道还会认为世界上有永恒的东西？即使你还可以坐享命运的馈赠（这样的情况很少见），可一旦你撒手

太阳神阿波罗

人寰，随即命运的遗产也就消失了。因而，究竟是你一死就将命运抛弃，还是命运把你抛弃，这其中又有什么差别呢？"

太阳神自玫瑰色的车驾上

映照光明，穿越了云际，

它那四射的光辉

令群星相形失色。

西风轻拂，

玫瑰羞红了春日的林地；

一旦南风狂虐，

带刺的花儿就失去了芬芳。

海面时而微波荡漾，

安详、静谧；

时而风吹浪打，

哲学的慰藉

风暴怒发、海浪翻腾。

这世上的美，常变、难留，

所以啊，请相信短暂、流逝的命运，

以及人世间昙花一现的享乐吧！

亘古不变的法则告诉我们：

但凡是生成者，都不能永存。

四　幸福在于
人的内心

　　"女士！"我回答道，"是您养育了所有的美德，您说得很对，我的确生活美满，不管它多么短暂，我都没有办法否认。但最使我受折磨的，恰恰也是这一点。因为在各种的命运祸患之中，最使人难堪的不幸莫过于明白什么是幸福了。"

　　"实际上你是咎由自取，而不要怨天尤人。假如你确实对命定幸福这样一个空名斤斤计较，那就让我们来看一看，你现在还享有多么大的福气。如果在你的财富清单里，仍然有一件最宝贵的东西，承蒙神明的保佑而依然保存完好，那么，（既然你还拥有最可珍贵的东西）你还有什么理由来谈论你自己的不幸呢？首先是你的岳父西马古斯，这位十分体面的人还依然活得好好的。他充满了美德和智慧（这样的境地可是人们梦寐以求的呀），因而他完全不顾自己的难处，所以，他的伤痛和你相比较，有过之而无不及。其次就是你的妻子，一个淑静、贤雅的好女人，总而言之一个有其父之风的女子，依然活着。我说，她依然活着，就是为了你，纵然她憎恶这样的生活，也依然要活下去——但是，我也需承认，长此以往，你的福分就要衰减，因为她很思念你，常常以泪洗面，现在日见憔悴。还需要我提及你的那两个当执政官的儿子吗？他们两个自从孩提时代开始，就显露出了有似于他们的父亲、祖父的天分。虽然说保全性命是人之常情，但是如果你能够看到你自己的福气，你依然还在享有那些无疑比生命更宝贵的东西，你还不算幸福吗？所以，请擦干你的眼泪吧！命运并没有憎恶你的每一个家庭成员，也不曾用太过猛烈的风暴把你击垮；到现在，一个个船锚依然是稳固的，你既不缺少眼前的慰藉，也不缺少未来的盼望。"

我说道："我祈望它们仍然保持稳固。因为，只要它们都还在，那么无论遇到什么事，我都不会被淹没。但是，您也看到了，我之前那么多的显荣，都没有了。"

她说："好啊，你如果不再为目前的整个境遇而感到忧戚，那我们就已经有一点进展了。可是，哪怕你只埋怨你自己的幸福是美中不足的，我也不允许你沉溺在这样的忧患之中。谁又可以幸福美满到无可挑剔的程度呢？因为，就人来说，有好运也不免会有忧虑。人不可能完全拥有好运，好运也不会永远相伴相随的。有的人有很多钱，可为出身的低贱而感到羞耻；有的人因为出身高贵而闻名，却穷愁困顿，还不如默默无闻。有的人不仅钱财多、而且出身也好，但却子然一身，枉自嗟叹；有的人婚姻美满却没有子嗣，积攒的钱财只能留给别人的儿孙去继承；而有的人很幸运，有儿女，但又为儿女的不孝而伤悲。所以说，人的命运处境，总有不如意的地方，家家都有本难念的经，只是不被外人知道而已。再说了，最快乐的人也常常是一些多愁善感的人，除非万事如意、不折不扣，否则他们根本受不了任何的逆境，哪怕是一丁点儿的挫折，都能把他们击垮。甚至是最细微的事情，也可以把最幸运的人从他的幸福巅峰推下来。试想一下，有多少人，只要还保留着一丁点儿运气，就会认为自己好像在天堂里生活一样！这个地方，对你来说是所谓的流放地，而对本地人来说，却是他们的家园。所以，没有什么事是不幸的，除非你自己要这么想；同时，只要人能随遇而安，他就到处都能发现幸福。一个幸福的人，只要还存在不知足的心，就会设法去改变现状，不是这样吗？人生幸福的甜蜜美好，要经受多少苦恼的摧残啊！人享受福气时，自然会觉得欢欣，可是福气要是溜走的时候，谁又可以阻挡得了呢？可以看出，这人世间的幸福实在是很可怜，因为它既不能被满足者久留，也不能为落魄者尽力。

"实际上幸福在于人的内心，你们这些凡人，为什么却要向外寻求幸福呢？谬见和无知已经让你晕头转向。这样看来，我得向你明示，什么是至福之所系。对于你来说，还有什么东西比你自己更加珍贵的呢？你会赞同地说，没有了。因此，你如果拥有自己，也就拥有

了你永远都不想失去的东西，即使是命运也不能把它夺走。既然幸福
不在于此生命定之事，那么就这样来看待它：假若幸福是有理性的人
的至善，而凡是能够被剥夺的都不是至善（因为不能够被剥夺的东西
显然更高一等），所以，无常的命运显然不足以赢得幸福。其次，在
这种虚假幸福里生活的人，对它的变化无常，一定是知情或不知情。
如果他不知情，那么，在这样的茫然无知当中，他的境况真的是幸福
的吗？如果他知情，那么他必然会为也许会丧失的幸福而患得患失，
且没完没了的担忧也不免会影响到他的幸福。还有可能，他丢了这幸
福，却会觉得无关紧要？如果是这样的话，那么这种幸福，肯定是蝇
头小善而已，即使丢了，他也会无动于衷！据我所知，既然你仍有很
多理由去深信人心绝对不会朽烂，而在命运支配下的肉体享乐，最终
将随着人的死去而一了百了，那么，你也就不应该怀疑：即便肉体享
乐会带来欢愉，但是有朽者终究难免因一死而落到悲惨的境地。既然
我们明白，有许多人寻找福乐，走的不只是死亡的途径，而且还用各
种苦行和折磨的方法，因此，生命的逝去还不能令他悲痛，现世的生
活又怎么能够让他们幸福呢？"

慎重的人

想要建造一座房屋，它耐用

牢固，既不会被咆哮的东南风

吹翻、坍塌，

也不会被澎湃的海浪

拍打、破裂，

他既不会选择高山巅峰，

也不会选择流沙大漠。

因为一方面，狂暴的南风

会将它吹倒；

而后者流动，也很难

承重，岌岌可危。

千万不要冒险，

那地方虽美却深藏危机。

要当心一些，确定一些：

要将你的房屋

建立在低处岩石的地基之上。

这样一来，即使有风暴

在海面上掀起惊涛骇浪，

你依旧在牢靠的墙壁内

安然无恙，

你悠闲地过着你的日子，

微笑着面对着所有来自上天的怒火。

五
累赘的财富

"既然我所论述的话，似外敷药一样把你温热了，我想，接下来就可以为你下一些猛药了。如果命运的馈赠并不是转瞬即逝或者昙花一现，那请问其中会不会有真正的属于你的东西？抑或稍作反省，看看其中是不是有并非一点儿价值都没有的东西？财富究竟是否珍贵？它究竟是否属于你？假如有，那你最看重的是什么？是金子，还是一大堆钱？但是，散财相比较敛财更加受到人的推崇，因为，贪婪会讨人嫌，而慷慨则会使人闻名。可财富一旦转给其他人，你就不能再拥有它，因而只有当钱财落到别人手中，也就是说，在给了别人而不再拥有它的时候，才会显得珍贵。倘使世界上的钱财都敛聚到一个人手里，那其他人都会在缺钱的境况中生活。声音可以同时供许多耳朵聆听，但是你的财富，如果不经过分割，就不能分给众人。而一旦把钱财分割，那割舍掉钱财的人就不免会变得比以前贫穷。财富啊，你是那么的小气和贫乏！不可能人人都把你完全占有。你到了这一家，就难免要剥夺另外一家！

　　"璀璨的珠宝非常引人注目是吧？但是，珠光宝气再怎么令人赞叹，那光芒也是属于珠宝的，而不属于人类；人类却趋之若鹜，这实在是匪夷所思。它缺少生灵的构造以及律动，然而有理性的活人竟然认为它美，它凭什么？虽然凭着造化之手，另外还有自身的特质，珠宝也会有某种低级的美，可和人类的卓越品质相比较，它们还差得很远，无论如何它们都不值得你去膜拜。

　　"田园风光令人心旷神怡，难道不是吗？在美丽的造物之中，它可是其中瑰丽的一部分。有时候，我们陶醉在大海的静谧之中，有时候，我们仰慕天空以及日月星辰。在这些东西中，有哪一样是你拥有的呢？你敢用它们的壮丽来自吹自擂吗？用繁花装点春天的，是你吗？以自己的多产把夏果催熟了的，是你吗？你为什么热衷于空虚的享乐？为什么拥抱外在的好东西，似乎它们就是你拥有的？自然造设但却不属于你的东西，命运也没有办法把它变成为你的。地上生长的水果，自然要供生灵来取食。而你，如果想要满足你的需求，而且这个需求已经是自然充足的了，那么你就用不着再向命运索要剩余的部分。因为按照常理，只要少许、微小的一些东西就足够了；而你如果在满足之外还要追加奢侈，那么你的所加，或者让你难堪，或者大大有害。

"你也许会觉得，穿着各色令人艳羡的华丽服装，是一件很美的事吧？如果说，华丽服装的外观确实令人赏心悦目，那我所想赞美的，不是它的用料就是它的手工。抑或，你会为家中的奴仆成群而感到快乐？可如若他们纷纷干坏事，那他们就成了一家毁灭性的负担，对主人来说也是极大的祸害。倘使他们忠诚，那么，其他人的忠诚，又怎么能算在你自己的财产之中呢？可以看出啊，你算在私人财产里面的，没有一件是属于你的。而如若它们身上不具有你想要的美，你为什么还要因为失去它们而伤悲，因为拥有它们而窃喜呢？假如它们天生就很美，这又和你有什么相关联呢？即使你不拥有它们，它们还不是照样美满。并不因为它们成为了你的财富中的一部分，所以它们才宝贵；而正是因为你认为它们宝贵，所以你才会把它们算到你的财富里面。

"你口口声声向命运索要的是什么呢？我认为，你所想要的是以奢侈代替需要。可是，你的结果却恰恰相反。因为，你还需要很多的助手，来帮助你保护各种各样的贵重的财富！的确，只有那些家财万贯的人，才会要这要那；反而那些依照着天然的需求、而不是依照着无度的虚荣来调节、使自我满足的人，要得最少。你难道没有属于自己的非常美好的东西，非得要从外物的身上索要你的财富吗？莫非自然状态就这样被本末倒置了吗？莫非人这种有生命和理性、而又似于神的动物，就只能依靠占有那些无生命的物质，来使自己显得光耀了吗？其他的东西都安分守己；然而你们这些心灵能通神的人类，却计划着要用低等的事物，来粉饰你们那原本就很卓越的天然，而完全不顾你们这样做，对造物主造成了多么巨大的伤害！他要人成为万物之灵；但你们人类却要自贬身价，甚至把你们贬低到还不如最低等的事物。因为，假如我们同意，事物的善要比它的拥有者具有更高的价值，那么，当你肯定地说最低等的事物是属于你的财富时，你实际上在自己的心目中，已经甘心情愿地把自己放在了它们的下面！因为对人的天性来说，只要他还认识他自己，他就比其他的东西高级；而一旦他不再认识他自己，他就猪狗还不如。其他动物天生就不具有这种自我认识；可对人来说，没有了就成为一种缺陷。你们以为，把其他事物的美放到自己身上，就可以把自己抬高，实际上你们偏离了自己的真正形态——偏离得无比遥远！这根本行不通。如果某物因为包装而显得精美，那么受到称赞的是包装，而被包藏在里面的东西，它的脏和丑则依然那样。所以我说，任何东西，只要损害到了它的拥有者，就不是好的。我说得不对吗？你告诉我：一点儿没错。财富不是一直在坑害它的拥有者吗？那些品行卑劣的人，因为卑劣而更加贪图别人的财物，这样的人总是以为，只有他自己才有拥有世上所有金银珠宝的资格。所以，你整天都提心吊胆的，害怕有人攻击你、谋杀你；而如果你像一个两手空空如也的旅客，踏上今生的路途，你自然会对那些强盗一笑而过[1]。咳！多么该死的人间财富！一旦你得到了

---

[1] 内战结束后的奥古斯都帝政初期，意大利沿途有许多强盗和土匪出没，罗马旅行者兜里揣着钱，一路上都担惊受怕。

它，就会不得安宁。"

　　过去的时光多么令人愉快，

　　那时人们还未沉溺于慵懒的奢华，

　　凭借着大地的厚德而富足，

　　以闲暇时采集的橡子

　　在饿的时候来充饥。

　　他们还未懂得

　　用纯蜜来调酒；

　　也不知道用泰尔紫

　　来漂染出夺目的丝绸。

　　绿野之上，

　　他们香甜地睡着，

　　淙淙溪水为他们解除干渴，

　　松木参天，

　　蔽日成阴。

　　他们尚未驾船远渡重洋，

　　尚未独在异乡为异客，

　　也未与海外通商。

　　那儿听不着催逼的冲锋号，

　　也见不到有人为报仇雪恨而挥洒鲜血，

　　染红遍地狼藉的战场。

　　明明知道，

即使流血也不会有好报，

结局只有伤痛，

为何人怀有了敌意，

必须要先打上一仗？

试问我们当今时代

还能否重新踏上那悠久而美好的道路呢？

但是现在，

那焦躁的占有欲

爆发得要比埃特纳火山[1] 还剧烈。

一块块的黄金，

曾经深埋地下，

一颗颗的宝石，埋藏得更深——

啊，是谁

最早挖出了这些危险而又贵重的东西？

---

1 埃特纳火山（Mount Etna），西西里岛东岸的活火山，其名来自希腊语 Atina（意为"我燃烧了"）。海拔 3340 米，为欧洲最高的活火山，被称为世界上爆发次数最多的火山。1699年的一次喷发，火山熔岩冲入卡塔尼亚市，使整个城市成为火海，两万人因此丧生。

六 权力是恶人的帮凶

　　"你将官职和权力捧上天，而完全不顾它真正的价值以及真实的力量。对于你所珍惜的这些东西，我应该说些什么好呢？一旦这些东西落进了恶人的手里，它的后果，恐怕就连曾经埃特纳火山的爆发或者洪水所造成的破坏，都难以与之相比吧？我想你应该还记得，罗马的先辈们因为执政官专横，而力图废止他们的权力，这件事早就成为了罗马自由的开端；同样是这些罗马人，还由于看不惯君王的专横，而将他的权力和名号从这个国家抹掉了[1]。是否只要这些职权交付给了好人（这种情况很少见），那么，体现在这些职权当中的唯一可以接受的善，就注定是拥有这些职权的那些好人的善了呢？可见，结论不会是美德因为职位而受到尊重；而是职位因为任职者的美德而受到尊重。

"你们趋之若鹜的卓越权力，到底是什么呢？你们这些普通的动物，是不是应该扪心自问：你认为自己可以对谁发号施令？又怎么发号施令？倘使你看到鼠群中有一只鼠声称，它拥有超越万鼠之上那样的权力时，你会笑成什么样子！既然在你的眼中只有肉体，你倒要说说看，还有什么比人更脆弱吗（因为只要被小小的飞虫咬上一口，或者这个飞虫爬进内脏，就有可能杀死人）？人对于人行使权力，除了针对他的肉体，或者针对比肉体还要低级的东西（他的财产），还能够针对什么呢？不管是谁的自由心灵，你能够指挥得动吗？心灵因为理性而融成一体，你能把它与生俱来的宁静打破吗？从前有个暴君，认为拷打一个自由的人[2]，就可以让他供出那些谋反的人，却没想到那个人竟咬断了他自己的舌头，而且还把舌头吐到了这个怒不可遏的暴君的脸上。由此可见，暴君使用严刑拷打作为他展露残暴的工具，相反，那位哲学家则使它变成了展露美德的工具。

---

1 按传统的说法，双执政官制度始于公元前509年左右，那时国王遭逐；在"等级之争"的过程中，贵族执政官的权力日益受限——"等级之争"持续了近150年，其起点是公元前495年护民官制度的建立，这时平民选出了他们自己的官员（护民官）。古代罗马共和国的最高行政长官也称执政官，一年选举两名。他们实际上就是国家元首，负责统率军队，主持元老院会议，执行元老院通过的法令，并在外交事务中代表国家。
2 这里自由人是指阿那克萨库斯（Anaxarc-hus），他是德谟克利特学派哲学家，德谟克利特派哲学有很浓厚的怀疑论色彩，即不相信感觉、现象世界和关于它的知识有什么可靠性；暴君是指塞浦路斯国王尼科克里昂（Nicocreon）。对罗马人来说，阿那克萨库斯无疑是无视痛苦的范例。

"世界上还有什么事，可以对别人做，而日后又不会落到自己的身上呢？书上说，布西里斯（Busiris）经常杀害他的客人，而最后他自己，却又被他的客人赫克利斯（Hercules）所杀害。雷古勒斯（Regulus）曾经把所俘虏的迦太基人锁上镣铐并把他们关进大牢，但后来他却发现，他自己的双手又被他抓的人锁上了镣铐。任何人都有可能以其人之道还治其人之身，这样看来你说这个人还有什么确切的权力可言？

"再想一下：假如职权本身有真正的、特有的善，那它们就绝对不会落进恶人的手里。因为对立事物的结合是很不正常的——自然厌弃了矛盾的联合。既然恶人临位当权是司空见惯的事情，那很显然职权本身并不是善的，由于它们任由自己如此和恶结合。同样，我们有充足的理由断言：命运的所有馈赠也是这样的，因为恶人享尽了富贵荣华。

"我们还可以这样来表明问题：看见一个人表现得很勇敢，我们就会毫不犹豫地把他称为勇敢者；拥有敏捷性的人理所当然是敏捷的；同样的道理，艺术使人成了艺术家，医药使人成了医生，修辞使人成了雄辩家。真可以说是各安本分和各得其所：既没有掺杂异质，也不接受反面的东西。可是，财富没有办法消除贪婪，因为它不知道满足；假如人沉溺到贪欲中去，权力也不能使他自律；把较高的职位授给不忠的人，当然不匹配，甚至可以说是在暴露和公示他们的不配。为什么这样认为呢？因为，你们一般喜欢给事物取些这样的名字——它们是和事物不相符的虚名，并且它们会因为事物自身的功效，而赤裸裸地把它们自己的虚假暴露出来。因此，你们不能把它恰如其分地称作财富、称作权力、称作荣誉。最后，我们一样可以来总结一下人的命运问题：在命运中确实没有值得追寻的东西，也缺少特有的善，因为它并不是总和好人结合，也不一定能够把和它结合的人变好。"

我们知道那个人做尽了坏事，

市内烟火刀光冲天，元老遭到杀戮，

他的兄长被残害，他的毒手

沾满了从他母亲身上涌出来的鲜血——

他盯着她那冷冰冰的尸体，

竟然没有一滴眼泪，

只是漠然地品评着她的凄美[1]。

而他手中挥动的权杖，统治着

天下人民，遍及太阳升起的辽远东方

直到太阳落下的西方海滨，

以及大熊座寒光覆盖下的臣民

和飕飕南风烘烤下的人们

——正是这样的南风炙烤着大漠。

----

1 尼禄（公元37年～68年），古罗马帝国皇帝，他荒诞、残酷、淫乐，他在他的母亲阿格里庇娜毒杀他的继父——即当时的罗马皇帝克劳第厄斯之后，于16岁那年成为罗马的新皇帝。后来他又毒杀了皇位继承人布里坦尼克斯；用计谋杀害了他野心勃勃的母亲阿格里庇娜；连杀三任妻子奥克塔维亚、波比亚、斯塔蒂丽亚。有史记载，他杀害他的母亲时，眼睁睁地看着他的母亲死去，而且赞美她的形体。

何以权倾天下

依然改变不了他的丧心病狂?

唉,毒药加上刺刀

一次又一次地充作了这该死的尼禄的帮凶!

七 虚幻的荣耀

　　她刚一说完，我就回答道："您知道，功名利禄，对我来说如同浮云；可我需要参与国家事务的机会，好使我行善的斗志不因为虚掷光阴而消磨掉。"

　　"人心固然生来就很卓越，但它的潜质还没有达到成熟、完满的程度，因而人们最心生向往的事，就是为国家效力、建功立业。但你仔细想想，荣誉是件多么华而不实的东西，完全没有分量！从天文学的证据可以看出，地球和寰宇相比较，只不过是一个小点；也就是

西塞罗

说，它的大小和天球相比较，简直可以说是微乎其微。托勒密[1]的论证表明，在这个宇宙中的小小一隅，也就只有四分之一的地方生活着我们所知道的生物。你再想想看，在这四分之一中，再把海洋和沼泽除去，以及广大干涸的沙漠地区，所留下的实际上是极其狭小的，而且只有部分提供给人类居住。

你不就是打算在这个封闭的小点中的小点里面，扬名立万吗？这个荣誉局限在这样狭小的范围之内，还能有多少庄重或者雄伟可言？更何况，在那样一个小小的范围内，还生活着很多民族，他们的语言有很大分别，风俗有很大差异，生活方式也各不相同；因为来往不易、语言不通和极少通商的缘故，不要说是个人的名声，就是连城市的名声也很难传扬。西塞罗[2]曾经提到，在他的那个年代，罗马共和国的声誉也没有能够越过高加索山，然而那时的罗马正处在鼎盛的时期，让帕提亚[3]等地的人十分畏惧。这样，你是否明白了，你所孜孜以求的向外传扬的荣誉，该是多么的褊狭和有限？难道要使罗马人的荣誉，传扬到连罗马的声望都不能达到的地方去？而且，各个民族的风俗习惯千差万别，在这里受到赞扬的东西，换个地方，也许就要受到惩罚

---

1 克劳迪亚斯·托勒密（约公元90年～168年），古希腊地理学家、天文学家、数学家。他曾经在亚历山大里亚从事研究，一生有很多著作，在《天文学大成》中主要论述了他所创立的地心说，认为地球是宇宙的中心，且静止不动，日、月、行星和恒星均绕地球运动。

2 马库斯·图留斯·西塞罗（公元前106年～前43年），古罗马著名的政治家、演说家、法学家、哲学家、教育家，著作有《论雄辩家》、《论共和国》和《论法律》等。

3 帕提亚：亚洲西部古国，本波斯帝国一行省（伊朗高原东北部），后隶属亚历山大帝国及塞琉西帝国，公元前 249年～247年独立。

了。所以说，即使人们乐于见到自己声名远扬，但是名震万邦对他来说也不见得是好事。因此，各人只求他自己的荣誉能够在本族内家喻户晓，他不朽的名声也只局限在一国的范围内。

"又有多少人，在活着的时候声名显赫，但却因为缺乏文字记录，到了今天已经被完全忘记？也有被记下来的，不过文字记录以及它的作者都在漫长岁月的暗昧之中遗失掉了，这样的记录又有什么用？你很在意身后之名，认为那是在为自己的永垂不朽铺路。好好想一想永恒的、无限的时空，你究竟有什么样的理由，为自己名留千古而沾沾自喜呢？因为，短短一瞬间和几万年相比，都只不过是一段特定的时间，或者是一个确定的部分，甚至是极微小的片段罢了；即使是万年或它的任意倍数，也根本不能和无限长的时间相比较。因为，无限的事物之间能够比较，而有限和无限永远不能成比例。因此，不管名声流传多久，一旦把它放到永恒的背景上去思考，就会显得微乎其微。然而，除了随波逐流以及投靠虚名之外，你竟然连该怎么做才好都不知道了。你完全不顾你对品德、品性的认识有多么卓著，而偏要把别人的评头论足来作为对自己的奖赏。看看他们是怎么嘲笑这样自大的小人物的：他曾经讽刺过一个人，那个人不是为了履行真正的美德，而是出于爱慕虚荣而自诩为哲学家（这样来把自己的身价抬高）；他还说，假如那个人可以平心静气地忍受各种耻辱，那他就会把他当作真正的哲学家。所以，那个人就忍气吞声、忍辱负重，过了一段时间以后，便得意扬扬地问：'现在你该承认我是哲学家了吧？'他则毫不客气地回答那个人：'如果你不问我的话，我反而觉得你是了[1]。'然而，名声可以给杰出的人们带来什么呢——因为我们在这里要谈论的就是这些人，他们依靠美德而获得荣誉——请问，当他们身故之后，到底还有什么？如果人全部消亡了（实际上我们的立场不许我们这样认为），荣誉也就什么都不是了，因为拥有荣誉的人已经不在了。可倘若有一个灵魂，可以完全意识到他自己的本性，并能够从世俗的牢笼中解脱出来，自由地寻找他在天上的家园，那么他就不会把世俗杂务看作粪土，并为能够摆脱俗事、得享天福而感到欢欣吗？"

> 追求荣誉的人
>
> 不过是觉得它高高在上，
>
> 让他比较一下天之广大
>
> 与地之窄小：
>
> 他就会感到自己徒有虚名，因为它
>
> 甚至不能满足一时的野心。
>
> 为何骄傲者抑或是自负者
>
> 总想挣脱他们脖子上的
>
> 死亡之轭？
>
> 纵然声名远扬，
>
> 万民称颂，
>
> 纵然驷马高门，头衔众多，
>
> 但死神却不顾这等荣耀，
>
> 他将卑微者和骄傲者一同拥抱，

---

1 适时沉默乃是哲学家的标志，这似乎是老生常谈了，但故事的出处不详。

无论高低，一视同仁。

重义之人法布里修的尸骨至今安在？

布鲁图斯[1]和尖刻的老卡图，都变成什么了？

他们已经无声无息——唯有他们的名字

依旧在几则老故事里流传！

难道我们读到了、了解到了他们的显赫声名

就认识了死者？

因而你呀，也会被彻底遗忘，

名声不能让人认得你。

可你想，起码仍有名字挂在人们的嘴上，

也可谓存活得更久一些了，

而一旦你的末日，将这也剥夺的时候，

难以避免地，

你还会再死一次。

---

1 马可斯·布鲁图斯（公元前85年~前42年），是晚期罗马共和国的一名元老院议员。他组织并参与了对恺撒的谋杀。

八 祸有时是福

　　"我要你明白（以免你认为我和命运是死对头）：在一种场合，命运绝不骗人，而且有功于人——那时候她公开亮相，脸上没有一点儿遮拦，并且公布她的手法。也许对我所说的，你还不是很明白。我想告诉你的，正是一些不可捉摸的事情；我很难用言语来形容。因为我认为，对人类而言，厄运要比好运好。当命运面露微笑、带着甜蜜表情的时候，经常是在骗人，而当她显出一副变化多端的面孔时，她却总是忠诚的。前一种命运在欺骗人们，后一种命运在教诲人们；前

一种命运束缚人心，因为表面上看，人所享受的好处确实挺好；而后
一种命运则解放人心，因为它让人明白世俗幸福的脆弱。因此你就
看到了：其中一个反复无常、四处奔走，且难以预料；而另外一个
则稳定不变、未雨绸缪（伴随着苦修），并且充满智慧。当命运面带
幸福的表情时，她是凭借谄媚来诱导人，使人背离真善、误入歧途；
反之，她就会把误入歧途的人拉回到真善中来（好像它长了钩子似
的）。恰恰是这个粗鲁、讨厌的命运，把你的挚友分辨出来了，她在
离弃你的时候，带走了自己的同类，留下了你的同类，以此在你的同
伴中分出了忠实和不忠实。关于这点，你一定不会认为是无关紧要的
吧？在你没有遭到变故的时候（或者处于你所说的幸运状态下），你
需要付出多么昂贵的代价，才能获得这种认知啊！你口口声声抱怨说
你失去了财富，但实际上，你已经找到了世界上最珍贵的财富——真
正的朋友。"

在充溢节奏韵律的和谐之中，

世界变幻而动；

互相竞争的种子，

遵循着恒久的律法而维系平衡；

太阳神驾着金色的马车

带来玫瑰色的晨光，

让他的月神妹妹掌控

由长庚星带来的夜晚；

浸没的波涛

被限制在固定的疆域，

大地也不能越界，

延伸到境外。

是爱

统领着大地、海洋以及天空，

使世间万物彼此维系成序。

一旦爱松动了缰绳，

相爱、共处着的万物

便会顷刻间陷入混战，

硬生生地把它们齐心推动的

正在健康运转的

世界机器给捣毁。

爱也用圣洁的纽带

把万民团结在了一起，

系上神圣联姻的纽结，

忠诚的爱人永结同心。

同样是在它的法规之下，

人们情投而意合。

啊，幸福的人！

倘若爱统领了群星，

也但愿它也统率着你们的内心！

卷三 幸福之所在

靠我们的财富而不是靠我们的美德

结交到的朋友，真的可靠吗？

顺境中结交到的朋友，

在逆境中会成为敌人。

一 幸福在哪里？

　　当她吟诵完的时候，那美好的歌声仍然在我的耳畔萦绕，深深地打动了我，使我的心很平静，很想再听下去。因此，过一会儿我就说道："噢，抚慰灰心的能手，您用有力的论说和悦耳的歌声，使我复苏了！真好，我再也不认为命运对我不公了。因而现在，我对您所说的那些更苦些的药不仅不害怕，反而恳求您把它们施用于我，因为我很想听您继续说下去。"

　　她回答说："我感觉到这些了，因为在我说话的时候，你是那样聚精会神、专心致志，而你现在的心态，恰恰是我所期望的，或者说得更确切点，这要归功于我。接下来要使用的药，可能会刺激舌头，但咽下后就感到甜了。既然你说想再往下听：那如果你知道了我将把你引向哪里，估计你要欣喜若狂了！"

"引向哪里呢？"我问她。

"引向真正的幸福，"她回答，"那也正好是你梦寐以求的，只不过你现在满眼都是幻象，一时还不能看出个究竟来。"

于是我就恳求说："求您了，快点告诉我吧，快点明示我真正的幸福到底是什么。"

她回答说："为了你，我愿意。但是，首先我要再说上几句，把你已领悟的内容简单概括一下，这样你就乐于把视线转移到事情的另一面上去，你也就能够懂得真正的幸福是什么样的了。"

无论是谁，

想要开垦处女地，

就必须先清除丛生的灌木，

拿起镰刀割掉蕨草和荆棘，

然后谷神降临，

带着沉甸甸的新谷。

先品尝苦涩感受一下刺激，

那蜂蜜就会甜美得多了。

南风平息、暴雨骤停之后，

繁星会显得更加璀璨。

等启明星驱走了漫漫长夜，

朗日才驾着玫瑰色马车款款而来。

你也一样，

如今在你的眼里

只有伪善，

你首先要

卸下项上之轭，

之后真善才会潜入你的内心。

二 幸福的外形

她的视线低垂着，好像陷入了沉思，过了一会儿，她又说："人们忙忙碌碌并竭尽全力所追求的、殊途同归的总目标，就是幸福。人一旦得到了幸福这种善，就没有其他所求了。由于它本身包含了各种各样的善的事物，因此它在各种善中是最高的；如果它有什么欠缺，那么在它之外，就依然会有被渴求的事物，这样它也就不能是最高的善了。

"很显然，幸福是一种完美的状态，因为所有善的事物都在其中会聚。我刚才说过，幸福就是这样，各人按照各人的方式孜孜不倦地追求着它。人的心灵与生俱来地就向往真正的善，只是，它们经常误入歧途，转而去追逐那虚假的善。有的人确信，最高的善就是不缺少任何东西，因此他们努力地追寻财富；还有人认为，受人尊敬就是善，因而，获得声望并受到别人的尊敬和仰慕，就成了他们孜孜以求的事情；也有人相信，最高的善就在于拥有最高的权力。他们或者希望自己掌权，或者竭力依附于统治者；其他的人觉得，名声是件很好的东西，所以他们或用战争或用和平的手段，刻不容缓地要在海外扬名立万；另外还有不少人惯用欢乐和快活来衡量他们所享有的善，认为只有尽情享乐才是最大的幸福；除了这些，甚至还有人把各种目标或者动机相互置换、糅合在一起，例如有的人为了权力或者享乐而追求财富，有的人为了财富或者名望而追求权力。因而，人们所作、所为、所求的目标和意图，都和诸如此类的东西联系在一起：人们对贵族的身份和平民的支持之所以那样追求，是因为认为它们能为他带来声望；人们想拥有妻子儿女，是因为他们为他带来了天伦之乐；友谊作为善的一种，可以说是十分神圣的，因为它不是在财富方面的计量，而是在美德方面的计量，然而其他种类的善，却都是凭借权力或者喜好来选择的。和身体相关的各种善，也常常与上述事物有紧密的联系：身体的强健以及魁梧好似会造成某种影响；美貌、灵巧、名声，加上健康、快乐，也都有影响。很明显，在这一切事物中人们所追求的，只不过是幸福。因为，不管一个人孜孜以求的究竟是什么，他都把幸福当作最高的善。我们既然已经把幸福定义为最高的善了，因此，大家在评论那种状态的时候，就说那正是他们梦寐以求的幸福。

"看，人类幸福的轮廓已经摆在了你的面前：财富、荣誉、权力、荣耀以及欢乐。伊壁鸠鲁[1]仅关注这些东西，并且断言，在他看来最高的善就是快乐，因为其他的东西给心灵带来的只不过是愉悦罢了。我倒是很想再探讨一下有关人类奋斗方面的事，因为即使心灵的记忆被蒙蔽，但是心灵仍然可以再度去寻求它与生俱来的善[2]，只是它就像一个醉汉，一时难以找到回家的路而已。

"追求富贵的人，难道真的是错的？就拥有很多善、自足而且不需要向外求助的完美幸福而言，富足当然是件再好不过的事。觉得最好的东西是拥有尊敬的人，难道真的是错的？当然不是，因为人们历尽千辛万苦去寻求的，绝对不可能是些低劣的东西。力量难道也不能算是一种善吗？那为什么虚弱或者没有活力在我们看来显然不是更好的呢？名声难道也一文不值吗？但是，不可否认的是：最出色的通常也是最出名的。认为幸福就是无忧无虑、免受

伊壁鸠鲁

---

1 伊壁鸠鲁（公元前341年~前270年），古希腊哲学家、无神论者，伊壁鸠鲁学派的创始人，曾受到德谟克利特哲学的影响，公元前307开始在雅典建立了一个学派，他认为，哲学的任务是研究自然的本性，破除宗教迷信，分清痛苦和欲望的界限，以便获得幸福生活。他的哲学可以分为三个组成部分：物理学、准则学（主要讨论逻辑和认识论问题）和伦理学。
2 重新向善（repetit）以及善的记忆受到蒙蔽这两种观念，均基于柏拉图的如下观点：灵魂曾与理念、完美形式（包括至善形式）同类，灵魂与生俱来就有这方面的知识，只不过因为它受肉体的拘束，而忘却了这些知识。

痛苦和烦恼的折磨，这样的观点有没有道理？可即使是在一些最微小的事情上，人们也会寻找他们所喜闻乐见的。这些一定是人们想要的东西，因而他们渴望财富、地位、政权、荣耀和快乐，因为在他们看来，这些东西会给他们带来满足、尊崇、权力、名望和享受。

　　"由此可见，人类的种种奋斗所追寻的无非是善。从中我们可以很容易体会到天性的力量是十分巨大的，因为不管人们的见解多么千差万别，但是人们都共同仰慕着同一个目标，那个目标就是善。"

　　　　我要用嘹亮的歌声，伴着弦乐，

　　　　来表明自然的伟大力量，

　　　　如何支配着万物，

　　　　未卜先知的她如何用法则，

　　　　维持无垠的宇宙，

　　　　用固若金汤的纽带，

　　　　维系万千事物。

　　　　而迦太基的雄狮，

　　　　戴着讲究的镣铐听命于人，

　　　　在屡受鞭笞之下，而惧怕严厉的主人，

　　　　可一旦鲜血刺激到那须下的大口，

　　　　它们沉睡的灵魂即刻复苏，

　　　　怒吼着，它们又找到了自我，

　　　　从破镣中甩出了脖子，

　　　　它们首先要一解心头之恨，

便用血污的、锋利的牙齿

把它们的驯兽师撕碎。

常在树梢栖息、鸣唱的鸟儿

被关进了牢笼。

人们把它当玩物，照料它，

精心地喂它蜜汁还有各种各样的食物。

在小笼子里蹦跳的它，如果见到了

那可爱的树阴必会把食物踢翻，

它梦想的是它的树林，

在林中，它哀婉、轻柔、甜蜜地歌唱。

你如果用力去压树苗，使树尖着地，

只要你一松手，

它的尖儿就会又直指天空。

太阳神沉进了西海，

但沿着一条隐秘的通道他调转了车头，

驶到了他每天升起的地方。

世间万物都在寻求返回的路，

而无疑返回是愉悦的。

谁都不想踏上一条已经制定好了的路，

除非这是一条首尾相连的路，

而且是一条环环相扣的路。

"你们作为造物主，自然也会在涉及自己来源的梦境中，产生一些模模糊糊的意象，即使你们看得不是很真切，但是你们也会依稀地看到你们幸福的真正终点。在你们天性的吸引下，你们迈向那个目标，迈向真正的善（虽然有很多种错误的观念误导你们远离它）。但问题是，通过人们所说的那些追求幸福的途径，人们是不是能够达到他们自己设定的目标？假如金钱、荣誉等真的为他们带来了那种完美、没有缺陷的东西，那么我们必须承认，有的人确实是通过获得它们才变得幸福的。但如果它们不能够兑现它们自己的承诺，而是依然很不完善，那么它们所产生的幸福的表象不就是虚幻的了？首先，我要问问你：'你在不久前还非常富有，在经营巨大资产的过程中，你是否因为有了一些差池什么的，而胆战心惊？'"

我回答说："我记得十分清楚，我没有一刻是完全放得开的，总是忧心忡忡。"

"那不正是因为你想要的没来，不想要的却偏偏来了？"

"没错。"我说。

"因此你就患得患失，对吗？"

"对。"我说。

"而人想要的东西，一定是他所缺少的，对不对？"

"对，他必定缺。"我说。

"而如果谁缺了些什么，那他就不会满足了，是这样的吧？"

"是的，他肯定觉得不满足。"我说。

"所以，你曾经家财万贯，"她说，"是否也有这种不满足的感觉？"

"怎么没有呢？"我反问她道。

"由此可见，财富并不能让一个人感到满足和圆满，虽然它好像许诺过这一点。我认为尤其值得关注的是：在金钱的本性中，并不存在什么能够阻止人们把财富从它的所有者手里强行夺走。"

"我赞同这一点。"我说。

"弱肉强食，每天都有，你能不承认吗？如果不是有人想要把被抢劫或者诈骗走的钱财取回，一桩桩的诉讼案又是从哪里来的呢？"

"确实是这样啊！"我说。

掌管财富的冥神哈迪斯

"因此啊，"她说，"人总是需要寻找外援来确保他的财产安全，是吧？"

"谁能不这样说呢？"我说。

"可是如果他没有钱，没钱可丢，那他就不需要什么外援了。"

"千真万确。"我回答说。

"所以出乎意料的是，情况倒了过来。原本以为财富能使人满足，结果却是它让人有求于他人。财富怎样才能消除需求呢？难道富人的肚子就不会饿？口就不会渴？冬天的时候身体就感觉不到冷？你可能会说，富人有办法来充饥、解渴和御寒啊！但是即便如此，他也并没有彻底消解需求，只不过是有钱好办事一些而已。即使财富满足了那些迫不及待的需求，也依然会有一个有待满足的需求。更不用说，其实天性所需要的很少，但是欲壑却很难填平。因而，既然财富没有办法消除需求，反而产生出了它们自身的需求，那你为什么还相信它们能够给人带来满足呢？"

让富有的人贪婪地敛财吧

——永远没有满足！黄金堆积成山；

让他把红海珍珠一串串地挂在脖子上吧；

让万千公牛犁耕他肥沃的土壤吧！

他活着时，苦闷会时刻啃噬着他，

他死了时，他的钱财也不会随他而去。

四 官位和尊荣
很难恒久

"较高的职位给在位者带来了荣耀和尊敬。但是，官位本身是否真的有力量把美德输入到在位者的心灵深处去，并且把奸邪驱赶走呢？实际上它们所做的通常不是锄奸惩恶，而是助纣为虐，对不对？恰恰是由于这样，我们看到官位往往赐予了恶人，所以才会那样愤愤不平。因此卡图卢斯（Catullus）[1] 要称呼诺尼乌斯（Nonius）为'毒

---

1 卡图卢斯（约公元前87年~前54年），古罗马诗人，出生于意大利的维罗那，青年时期赴罗马。他传下了160首诗，包括神话诗、爱情诗、时评短诗和各种幽默小诗。他的抒情诗影响深远，对后世著名诗人奥维德及威廉·莎士比亚的创作都有相当大的影响。

瘤'，虽然他正坐在显贵席位上[1]。你有没有注意到，高官给恶人们带来了多么大的羞辱啊？如果他们还没有因为某些荣誉而成为引人注目的对象，那么他们的卑鄙行为也就不会那么明显。你自己是不是也曾执意涉险，要和德克拉图斯（Decoratus）[2]同朝为官，虽然你已经非常明白他有一副小人以及告密者的丑陋嘴脸？对那些我们已经非常肯定不配当官的人，我们不能因为他们的官职就觉得他们可敬。而如果你看见一个智者，你会认为他不值得尊敬，或者不配拥有他的智慧吗？一定不会。因为美德有它固有的价值，这些价值已直接传递给了和美德相结合的人。既然人民称道的名誉达不到这一点，那么这些名誉很显然也缺少货真价实的美。对于这一点，你还可以再想深一些：假如一个人越无耻，他就越会被更多的人民群众看不起；那么，较高的职位反而会雪上加霜，因为它不能让阴险的人变得可敬，反而让他暴露在众目睽睽之下。当然了，官职本身也不免会受到损害，因为那些恶徒在接触了官职之后，就会把它们玷污，从而把类似的坏处再回馈给它们。

"既然你明白，这些暗昧的尊荣，不能为他们带来真正的尊敬。如果某位多次当选的执政官，偶尔到了罗马帝国以外的某些还没有开化的国家，那他的高衔还能否使他得到土著人民的尊敬？如果这样的尊荣本身就很有力量，那么不管在哪个民族中，它都不可能失去那股力量，就好像无论火焰到了哪里都永远不会停止发热一样。但是由于这不是它们与生俱来的力量，而仅是出自于世人的谬赏，因此，一旦

---

1 议事厅里的显贵席，指执政官和其他显贵的办公席。
2 德克拉图斯是显贵，也许是财务官，公元508年左右在位。

到了根本不把它们放在眼里的民族中，它们就立即不灵了。对外人来说，肯定会是这个样子；但是在创建设置了这样的高位的人群之中，它们是否也能持久呢？曾经民选官（praetorship）权重一时，但如今它却成了一个虚衔，而且成为元老院的财政包袱。过去如果谁掌管了救济粮，那他会十分威风；现在看，还有比这更低的官职吗[1]？正像我刚才所说的那样，但凡自身没有尊荣可言的东西，那么在使用者的眼中，它自然会一时受到推崇，一时受到冷落。总之，如果较高的职位不能令人得到尊敬，甚至于占有那些高位的恶徒已经渐渐把它们染污了；如果物是人非，它们不再受到人们的推崇，或者已经在不同的民族评判中掉了身价，那么它们当中还有多少是值得我们追求的美？更谈不上它们还能给别人带来什么样的美呢？"

即使他傲慢地穿戴着

泰尔紫袍以及雪白的珍珠，

尼禄的奢靡也为众人所不齿，

因为他肆意而残忍。

他曾无耻地把没有能力的执政官

推荐给可敬的元老们去选择：

由这些可怜虫授予的荣誉，

有谁会认为是福气？

---

1 这里可能指庞培大帝：庞培（公元前106年～前48年），古罗马统帅，政治家，贵族出身。17岁随父参加同盟者战争，公元前82年当选执政官，公元前60年，与克拉苏、恺撒结为"前三头同盟"，左右罗马政局。公元前53年，克拉苏死，同盟趋于解体。公元前50年，与元老院联合反对恺撒。后在埃及遇害身亡。

五 权力让人不得安宁

"安然坐拥一个国家，或者和君王结交朋友，真的能够令一个人变得强大而且有力量吗？怎么会不能呢（倘若他的幸福能够持久的话）？但是在古代，君王由最初的幸福转为不幸的例子比比皆是，在今天也是一样。唉，权力固然很可贵，不过结果表明，它连自身都难保！如果王权真的能够带来幸福，那么一旦它丧失不见了，是不是就会消减幸福并且招致不幸呢？而不管一个帝国多么幅员辽阔，都肯定会有一些国家不接受某某君王的统辖管理。无论那是个什么地方，一旦那可以让君王享受幸福的权力终止了，那么君王也不免悲惨，因为他的权力缺口都会潜入到那里。这样一来，君王的悲惨必定比幸福占据的份额更大。某个暴君[1] 亲身体会到了王位所受的威胁，他把君王的恐惧，比喻成达摩克利斯头上悬剑[2] 时的惊恐。这种难免让人时刻忧心忡忡、战战兢兢的权力，究竟是什么东西呢？君王自然也希望他这一生没有忧患，但是他们不能够做到，所以他们只好炫耀自己的权力！对于刚愎自用的人，你还会认为他有力量？侍卫寸步不离的人，你觉得他会有力量吗？还是那些防御人民比防御山川灾害还厉害的人、依靠一群马屁精来奉承的人，你觉得是有力量的？由此可以看出，王权真的有些虚弱。就朝臣来说，我要说什么好呢？王权稳定也好，垮台也罢，朝臣的日子通常都不好过。尼禄迫使自己的老友及老师塞涅卡自己去挑什么样的死法[3]。帕皮尼安（Papinian）[4] 在宫里向来有权有势，然而安东尼努斯（Antoninus）却将他扔到了士兵的乱剑之下。以上所述的两个人都想放弃权力，塞涅卡甚至想要把他自己的财富送给尼禄，然后引退。但是他们两人都没有如愿以偿，他们在悬崖边上站着，恰是他们的伟大把他们推了下去。这种令所有者心惊胆战的权力，到底是什么东西呢？如果你想占有它，你就没有了安宁；如果你想抛开它，你却欲罢不能。靠我们的财富而不是靠我们的美德结交到的朋友，真的可靠吗？顺境中结交到的朋友，在逆境中会成为

---

1 叙拉古的狄奥尼索斯一世（公元前430～前367年）。

2 达摩克利斯之剑：源自古希腊的一个历史故事。后喻指安逸祥和背后所存在的杀机和危险。

3 参阅本书卷二。事发时间为公元65年。

4 帕皮尼安（公元150年～212年），是罗马五大法学家之一，塞佛留斯皇帝的禁军首领，约于公元212年被塞佛留斯之子安东尼努斯（M. Antoninus Caracalla）所杀。

敌人。以前的老朋友反目成仇，你说这个世界上还有其他祸害比这更

伤人的吗？"

　　　　人若是想变得有力量

　　　　就需要平心静气，

　　　　切不能伸长脖子，套进欲望

　　　　那奇臭无比的缰绳；

　　　　即使遥远的印度大地

　　　　在你的统治下也瑟瑟发抖，

　　　　渺渺图勒[1] 也向你臣服，

　　　　但如若驱不走烦恼的黑暗，

　　　　也逃脱不掉该死的惨境，

　　　　就根本不用谈什么力量。

---

1 渺渺图勒（Ultima Thule），欧洲北端的某块陆地或岛屿（也许是冰岛或者挪威）。

六 赞赏、美誉来自谬赏

"荣誉通常具有欺骗性，多么可耻！为此，那首悲歌不平而鸣，真的是有它的道理：

啊，芸芸众生，诞生时一无所有，

名誉，名誉，你已经把他们的人生吹得飘然自得。

"有那么多的人，因为世人的谬赏而可以享受盛誉——你还能想象出比这更令人可鄙的事情吗？那些被世人错误地加以赞赏的人，自

维纳斯与小爱神

然会在听到议论后感到心中有愧。即使是凭借功劳而赢得了赞赏、美誉，可这对于一个精明的人的自我认识来说，又有哪些帮助呢（因为精明的人贵在有自知之明，而不是依靠百姓的评头论足）？假如说声名远扬是件好事，那么我就一定会说，声名未能远扬是有缺陷的。可是正如我所说的，一定还有很多国家是个人声名所不能到达的——这个人在你眼中很光彩，也许到了邻近地区就不显得那么光彩了。我必须要说，流于世俗的喜好在我看来简直是不值得一提的，它不经判断，而且经不起推敲。现在谁不知道贵族之名的空洞以及微不足道呢？倘若它关系到声望，那它就属于其他的人。因为贵族的头衔正是从祖祖辈辈的功勋中得来的赞誉。名望来自议论，受议论的肯定才有名；如果你沉默寡闻，那么别人的声望也不能使你变得出名。至于贵族的头衔到底有什么好，我想它的好就在于：好像有某种施加于贵族的义务，使它远绍先祖的美德而不会堕落。"

地上的人有相同的起源。

万有同父，

神照料万有。

他把光辉赐予太阳，

把芒角赠给月亮，

他让大地住满人类，

让天空布满星辰；

他将灵魂从天上寓所带下来，

并锁进了肢体。

正是一颗高贵的种子，

才生发出了芸芸众生。

何以要抱怨你的血统、你的先祖？

假如你顾及

你的根源、你的造物主，

则天下没有人卑贱，

除非他背离根源、自甘堕落。

七 肉体的享乐

　　"如何评说肉体享乐呢？渴求它吧，又心怀不安；满足之后吧，又感到充满缺憾！多么令人恐惧的病啊！它们为享受的人带来了多么难忍的肉体痛楚，好像恶性结出的恶果！到底是什么样的享乐在对他们进行挑逗，对这点你我不清楚；但是一旦你回味一下自己的欲望，就会知道：这些享乐都会有一个苦涩的结局。假如肉体享乐能够使人感到幸福，那就没有理由说野兽不会幸福，因为它们的所作和所为，正好是为了满足肉体的需要。妻子儿女给人带来的欢乐，自然是无可厚非的；可是，有人把孩子戏称为折磨者，这好似也十分在理（可以说入木三分）。不管他们的境况是什么样，你总是有操不完的心，这就不需要我提醒你了——你对这有切身体会，你甚至现在还在为他们担心。在这一点上，我支持尤里皮德斯（Euripides）的观点，他认为，没有儿女的人，虽苦犹乐。"

快乐正是这样

驱使着人们去享受它，

就好像成群的蜜蜂

吐出了甘甜的蜂蜜，

又留下深深的一螫

痛彻我们的心扉，然后飞走了。

八
伪善

"由此可见，这些能够通往幸福的道路，都只是一些旁门左道，它们不能把你带到许诺的地方。接着，我要概述一下，与它们形影相随的到底是什么样的坏事。你聚敛财富的时候会怎么做？你不可避免地会侵夺他人的财物。你不是期望变得赫赫有名吗？你将不得不向赐予你荣誉的人乞求。虽然你很想出人头地，但却由于你的卑躬屈膝，而降低了自己的身价。你不是想拥有权力吗？你将会如临深渊，为手下的谋反叛逆而寝食不安。你不是向往荣耀吗？那你就需要为克

服各种各样的困难而劳碌，你将会得不到安宁。你不是希望过得快

活吗？但是为了低贱、虚弱的肉体而奔波，难道不会让人嗤之以鼻？

看那些向人炫耀他们自己拥有强健体质的人，他们所依凭的东西实际

上有多么的平庸和脆弱！你是能够在体型上盖过大象，能够在力气上

超过公牛，还是能够在速度上赛过老虎呢？观测天体的活动空间、稳

定性和速度，不要再赞叹低级的事物（天体最值得惊叹的地方除了这

些，还有统治它们的秩序）。然而美的辉煌又是何其短暂，简直可

以说是转瞬即逝，甚至比那昙花一现消逝得还要

快。正像亚里士多德所说的：假如人们拥有林柯斯

（Lynceus）[1] 的眼睛，可以透视障碍物，那么，

当人们把阿尔西比亚德斯（Alcibiades）[2] 的内心

看穿时，他那臭美的躯体看起来岂不就显得无比的

粗俗了？因此，原因不在于你的本质，而在于在别

人眼神不好的情况下你才显得好看。倘使你知道，

阿尔西比亚德斯

你所推崇的强健的体质，仅三天的热病就能把它摧毁，那你可就是心甘

情愿地把强健的体质高估了。最后我们总结如下：凡是这样的事物，既

不能提供它们承诺的好处，也不能依靠把众多的善汇集起来而臻于完

美；既不能依赖这样或那样的手段来使人幸福，它们自身也不能给人们

带来幸福。"

---

1 亚尔古英雄林柯斯有一双锐利的眼睛，此事家喻户晓。
2 阿尔西比亚德斯（公元前450年～前404年），雅典杰出的政治家、演说家和将军。他是其
  母系家族的最后一名著名成员，这个家族在伯罗奔尼撒战争之后衰败，在伯罗奔尼撒战争期
  间，他曾数次更换自己的政治忠诚。

唉，多么无知，

让可怜的人们误入迷途！

你不可能在绿树上找寻金子，

也不可能在葡萄藤上采集宝石；

为了能有一盘盘鲜鱼上你的筵席，

你也不可能在山巅抛撒渔网，

倘若你喜欢猎狍，

你怎么可能到特尔瑞尼海中去搜寻？

人们很清楚海浪之下的

那些藏身之地，

哪些水域盛产亮白的珍珠，

那就是红色骨螺遍及的地方，

也知道哪里的海滨出产新鲜的鱼儿

或者带刺的海胆。

但是他们所向往的善又藏在哪些地方呢？

他们仍旧茫然不知，

它远在星罗的天边

而他们却在尘俗下界寻觅。

对这样愚笨的心灵，我还能念些什么咒语？

让他们去追名逐利吧，

让他们辛辛苦苦获取虚假的利益之后

再让他们识别出真正的善。

九 真正的幸福和善的源头

"至此，虚假的幸福已经被我描述得差不多了，如果你已经仔细地、彻底地观察过它了，那么现在，我就可以顺理成章地为你点出什么是真正的幸福。"

我说："我的确明白了财富不能带来满足，王权不能带来力量，职位不能带来尊敬，荣誉不能带来名声，享乐不能带来欢愉。"

"那么，你也知其所以然了吗？"

"我想，我已略知一二，但我更希望能得到您的明示。"

"其实解释是很容易的：因为它的本性纯一而完整，但人类的分割和曲解，却将真实、完美的东西变得虚假、残缺，这是错误的。一个什么都不缺的东西，你是否会觉得它缺乏力量呢？"

"当然不会。"我答道。

"你的回答没有错，"她说，"因为，事物如果在某个方面的力量不够强大，那在这一方面，它就需要接受其他事物的帮助了。"

"不错。"我说。

"所以说，在本质上，满足与力量，是一致的。"

"好像是这样。"

"那你认为，是应该鄙视这一类东西，还是应该将其置于万物中最值得尊敬的地位呢？"

我说："肯定是后者。"

"那就在满足与力量之外，加上尊敬吧，因为我们断定，这三者是互相统一的。"

"那就加上它吧，既然我们愿意承认真理。"

"那么，"她说，"按照你的理解，它是晦暗不明的，还是广为众人所知的？想象一下：当一个东西被认为什么都不缺、充满力量并配享荣誉的时候，是不是需要名声？这个名声它自己是无法提供的，它也因此被显得是一个低级的事物。"

我说："不得不承认，那样一个东西，肯定也是广为人知的。"

"这样的话，我们就不得不承认，名声与满足、力量和尊敬毫无差别。"

"这是顺理成章的。"我说。

"既然它什么都不缺，凭借自己的力量没有做不到的事情，并且著名而又可敬——为什么我们不能赞同地说，它也是欢乐的呢？"

我说："我想象不到，这样的东西怎么会有悲伤？按照先前那些有道理的说法，我们就要承认，它充满了欢乐。"

"同样的道理，满足、力量、名声、尊敬和欢乐这五者，虽然名称各不相同，但实质却没有差异。"

"按照道理自然如此。"我说。

"这个东西在本质上其实是纯一的，但人类却执意地要将其撕裂。其实它没有部分可言，但世人却仍要抓取出它的部分，结果只能是什么都得不到，因为无论是整体还是局部，最终他都不想要了。"

"为什么这么说？"我问。

"追求富足的人往往是逃避贫乏的，"她答道，"这种人，甘居卑微，甘受埋没，他情愿放弃所有欢乐（包括最基本的欢乐），只为了避免丧失挣来的钱财。但是他被权力抛弃，为麻烦折磨，还因为默默无闻、身份卑微而被人鄙视，所以，他们不能获得满足。而一味追逐权力的人，他们可以挥霍财产，可以蔑视享乐，可以视荣誉如粪土。可是他们也有很多的缺憾：有时候，他可能会穷愁困顿，甚至因此失去自己梦寐以求的东西（指拥有力量）。同样的道理，荣誉、荣耀和欢乐，也都可以作如此的推想。因为说到底，它们都是同一个东西，如果有人要撇开其他只追求其中的一个，那他可能会连他想要的那一个也抓不住。"

我说："那要是有人想要幸福的总和，希望一起获得它们呢？"

"我们刚才已经表明了那些不能兑现自己承诺的东西，在那里面，他肯定找不到想要的幸福，是不是？"

"确实不可能找到。"我说。

"因此从这些东西里面（它们提供了各自的欲求对象），我们根本就不可能找到幸福，是不是？"

"是的，"我说，"您说得完全正确。"

她说："既然你已经能够了解虚假幸福的模样和根源，那现在，就请你把心眼转到相反的方向吧，你会像我先前允诺的那样，很快看到真正的幸福。"

"这已经够清楚的了，甚至连瞎子都能明白，"我说，"你在刚才谈到虚假幸福的根源时，就已经点明了它。如果我理解得没错的话，那就是真正完美的幸福，并且它能带给人满足、力量、尊敬、名声和快乐。所以，您看，我已经深深领会到：只要真的能够提供这五点中的一个的，就是完满的幸福（这五点其实是同一个东西）。我会清清楚楚地把这幸福给认出来。"

"啊，我亲爱的学生，"她说，"你如果再补充一点，我就得按照这个见解说你幸福了。"

"请问，还有什么要补充的呢？"

"在这些可朽、易逝的事物之中，你是不是觉得，某种东西能够产生这种状态？"

"我很肯定，没有。"我回答说，"关于这个问题，你已经充分证明过了，不需要再多说什么。"

"所以，看起来似乎这些东西把真正的或某些不完备的善的影像，给了你们这些凡人，但是真正完美的善，它们却并不能授予你们。"

"同意您的说法。"我说。

"既然你已经清楚知道了真善是什么，又明白是什么东西在假扮它，那接下来你要做的，就是要搞清楚，在哪里才能够找到这个真正的善。"

"这是我一直渴望做的事。"

她说："我亲爱的柏拉图在《蒂迈欧篇》[1]中提出，哪怕是一些很细小的事情，我们也不得不祈求神的帮助，那么依你的看法，我们现在应该怎么做，才可能有资格发现至善在哪里呢？"

"我们必须向万有之父求助，"我答道，"如果我们把这给忽视了，那就没有正当或者合适的出发点了。"

"你说得没错，"她说，随后又开始唱道[2]：

啊，您以永恒秩序统率宇宙，

天地的创造者，您使时间生生不息，

您寂然长静，却将运动授予别的一切；

---

1 《蒂迈欧篇》是古希腊哲学家柏拉图后期唯一一篇讨论自然哲学的对话，是柏拉图对话中最晦涩难解的一篇。它借主要对话者蒂迈欧之口，在理念论的基础上，结合毕达哥拉斯学派的数的理论，提出了唯心主义的创世说即宇宙论。

2 这首诗大体上来源于柏拉图的《蒂迈欧》，并且大量采用了新柏拉图主义者普罗克勒斯（Proclus）的注释。库赛勒（Courcelle）形容该诗为："渊博而简约，晦涩而难解。"由于该诗不多的篇幅里蕴涵了如此丰富的思想，其难度激发了众多的评注（自中世纪至今的评注层出不穷）。

您作用于流变的物质[1]，不受外因驱使，

并将您的至善形式欣然赐予；

您以一个神圣的模子，

对万物进行了塑造，自身美妙至极，

在您心中孕育、成形了一个美丽的世界，

有着相同的模样，

您要它对自身进行完善，

处处完美。

您用法则对它的元素进行约束，

因此冷与热相随，燥与湿相伴，

以免火焰因为太纯

而飞逸，

大地因为太沉而不堪重负。

您把灵魂固定在它的三重本性之间，

灵魂对万物进行驱使，

而您则把它分成和谐的部分[2]。

被分割过的灵魂，

又使自己的运动汇合

成为两个循环：

---

1 物质或者所有感性事物都是流动变化的，一直在生成、变化和消逝；善的流溢是神创世的唯一理由，因为它的形式在神那儿，那样的善没有一点的吝啬气（但在希腊人那里，"诸神的嫉妒"和吝啬的本性，却是司空见惯）。神凭借永恒形式的模子创世（按照新柏拉图主义者和其基督教追随者的观点，形式存在于神的思想当中）。

2 灵魂具有三重本性：神采用了永恒不变的"同一"和变化的"相异"，并使二者作为和谐的整体，即"存在"融合在一起；然后由这三者共同塑造了"灵魂"。其中"灵魂"是唯一的自我推动者，所有运动都由其引发，或者由其中的各个部分引发（因为各部分也是由"同一"、"相异"和"存在"这三重元素构成，因此它们也非常和谐）。

返回自身，并萦绕着

深邃的精神；

又推着天宇像它自己一样旋转[1]。

您以同样的基础，造就了次级的、活的灵魂，

并赐予它们光彩照人的车驾，

以合乎其神圣的本性，

您将它们播撒在天上与地上，

又依照恢弘的法则，

凭借回归之火，令它们返回并且转向您[2]。

父啊，请准许我把心灵升腾到您威严的宝座旁，

请准许我围绕着善的源泉漫步，

赐予我眼前的光亮吧，

让我用心灵的明眸凝视着您。

驱散世间的阴霾吧，

您的荣光亮彻天际。

您是有福之人的祥和与安宁：

见到您就是他们的目标，

自始至终只有您，

才是他们的推动者、引导者、源泉、道路与归宿。

---

1 被分割的灵魂纳入天上的赤道和黄道两个循环；"精神"就是在不可见天宇的运动灵魂，它推着可见天宇做完美的运动。

2 次级灵魂即人类的灵魂，它们各自有一颗被指派了的星作为其车驾，当在肉体里过完了善的生活之后，它们便都得以净化并返回天庭。

十 神即至善、至福

"既然不完善与完善的形式你都看到了，我想，接下来就应该对幸福的完美体现在哪里进行研究了。我的观点是，我们应该先搞清楚这世上是否有你刚才所说的那种善，免得空虚的想象取代现实的真理，蒙蔽了我们的双眼。但是毫无疑问的是，这种东西确实存在，它似乎就是众善之源。那些所谓不完善的东西，被认为不完善的原因就是它们是完善者的缩减。具体情况往往是这样：一个类中既然有不完善的东西，就有完善的东西，如果我们把完善的东西彻底抽走了，那就无法想象，不完善者还怎么存在。宇宙不是源自那些受到减损或者未完成的源头，而是源自它们的全体，并最终分崩离析，才到了现在这个耗损殆尽的状态。像我们已经表明的那样，如果，在耗损了的善里面还有某种不完善的幸福的话，那么无疑，永久和完善的幸福也是确实存在的。"

"上述结论非常真实、可靠。"我说。

"接下来的问题是：它存在于何处？"她说，"这个问题可以这样来进行考虑：作为万物法则的神，必然是善的。这个观点是人人心中共同拥有的，它证明了前一点的说法。既然设想不出比神更好的东

维纳斯

西，那就无法对'无与伦比的东西一定是好的'这一观点进行怀疑。有充分的证据可以表明，'神是善的'，同时也就意味着完美的善在神那里。因为如果不是如此，神便不能被称为是万物的法则；也就是说还会有超出神的、更卓越的完善者，并且它的完善显得更优先、更古老。这是因为凡是完善的事物，必然要优于不够完善的事物。所以，如果不想使我们的论证陷入无限倒退，就得承认，至高的神的善

也是至高的、完美的。我们已经确定,真正的幸福就是完美的善。所以,至高的神里面一定栖息着真正的幸福。"

"这种说法我接受,"我说,"因为这完全说得通。"

"那我再问你,"她说,"你对至高的神充满了至善这一观点,究竟赞成到什么地步?有多严肃?多情愿?"

"怎样的地步?"我略有些疑惑。

"我们已经承认过,万有之父是充满至善的,免得你以为,他的至善是从外部接受来的。也许你在想,神拥有的幸福与神作为幸福的拥有者在本质上是有差异的。如果认为它是从外部得来的,你就会想,施体比受体更加卓越。可是我们已经彻底地承认神是万有中最卓越的。如果它天然就在神之中,就又有了本质的不同,既然我们承认神是万有的造主,那就要想一想,是谁能够将这两种不同的本质相结合。最后,如果一物有别于他物,则它和那个被认为有别于它的东西是不同的。所以,和至善有着本质区别的,其本身并不是至善,所以很难想象得出,在我们认为已经是无比卓越的东西之上,还能有谁。又因为,没有什么东西的本质,能够比它自身的本原更好了,因而我自然可以得出结论: 万有的本原其实也是至善。"

"太对了!"我说。

"而且我们承认过了,至善就是幸福。"

"是的。"我回答。

"因此,"她说,"我们也必须要承认,幸福就是神。"

"我认为,你的前提无可厚非,"我说,"并且我是看着你从前提一步步推到结论的。"

她又说："试想一下以下论证是不是同样可靠：如果两个至善彼此不同的话就不能并存。因为，如果两种善有差别，那么很明显，这一个就不是那一个；既然彼此都有所欠缺，那么两者就都不可能是完善的；而不完善的东西，显然也不可能是至上的；所以，这两个至善之间绝对不可能有差别。前面我们已经总结过，神与幸福都是至高的善，因此，拥有至高神性者必然也是拥有至上幸福者。"

我说："这个结论非常正确，有理有据，而且与神般配至极。"

"除此之外，"她说，"我还要再给你一些推论，就像几何学家总是惯于从已经证明过的定理中推出系定理（porismata）一样。既然人获得幸福就会感到快乐，而幸福又是神性，那么显然可以看出，人们变得快乐是因为获得了神性，变得公正是因为获得了正义，变得聪明是因为获得了智慧。同理，人们一旦获得了神性，自然就变成了神明。因此可以说，每个快乐的人都是一个神明。虽然说到底，神是唯一的，但是通过分有，神明也是多多益善的。"

"这真是美妙而又珍贵的事情。"我说。

"除了以上所说之外，理性还要求我们再加上一件非常美妙的东西。"

"是什么呢？"我问道。

"幸福好像包含了许多的东西，"她说，"其中，是不是它们以各具特色的方式，组合成了一个幸福的整体，里面的某个东西单独构成了幸福的骨架，而其他的则是附着于其上的？"

我说："希望您结合这些事情，再发挥一下。"

"我们一致认为幸福就是善，对不对？"

"是最高的善。"我点了点头。

她说："你可以用相同的方式，说幸福同时在满足、权力、尊敬、名望和快乐方面都是最高的。然后呢？我想问你，刚才所说的这些东西，究竟是幸福的组成部分，还是各自系于善并以善为它们的首领呢？"

"我能理解您引导的思路，"我说，"但是我很想听您的结论。"

"那就要看我们在这一问题上如何进行分辨。假如它们是幸福的组成部分，那么必然是彼此相异的，因为这是部分的本性：只有彼此相异才能够组成一个整体，但是事实表明，那些东西反而是同一的。据此可以说，它们不是部分。否则，幸福就单单是由一个部分联结而成的了，这显然是不可能的。"

"嗯，这是不可否认的，"我说，"可我还在等着您的下文呢！"

"容易看出，其他东西都是与善相联结的。人们因为觉得满足和权力很好，才对它们进行追求，同样的道理，也适用于其他三点。人们的种种追求，归根结底动因是善。因为，表里都乏善可陈的东西，是根本就不值得追求的。而有的时候，一个内质不好、外表却显得很好的东西，是会被当作真正好的东西来追求的。为此，我们可以毫不犹豫地说：善是人们对各种事物进行追求时最为重要、最为关键的动因。由此可见，人们追求事物时的动因才是最可欲的。比如，一个人渴望健康，所以去骑马，他恐怕并不是为了骑而骑，而是看中了骑马的效果，即健康。所以说，当人们为了善而对各种事物进行追求时，与其说他们是渴望这些事物，倒不如说是渴望善本身。并且我们也承认，欲求的另一方面还包括幸福；因此，同样的道理，人们所追求的其实也只是幸福本身。由此可以看出，善和幸福在实质上是一致的。"

"这没有反驳的余地。"我说。

"而且我们已经表明，真正的幸福与神是完全一致的。"

"没错。"我说。

"所以，我们可以得出可靠的结论：是善本身，而不是别的什么东西，构成了上帝的实质。"

来啊，你们这些囚徒，

全都上这儿来吧，

你们心中的俗念蠢蠢欲动，

那可恶的锁链正束缚着你们。

在此，你将得以休养生息，

这里是永远安宁的天堂，

是不幸者避难的地方。

不管是盛产沙金的塔霍河，

还是岸边泛着红色的赫木斯河[1]，

还是靠近热带，

布满祖母绿和琳琅宝石的印度河，

---

1 塔霍河（流经西班牙和葡萄牙）以及赫木斯河（位于小亚细亚的伊奥里斯）都是沙金产地。

都不能将你们的双眼洗净；

反而用它们的暗浊，

将人们早已盲目的心灵埋葬。

形形色色的事物潜藏在尘世的幽深洞穴中，

引诱人心沉湎于享乐。

虽有荣光对生机勃勃的天堂进行着统治，

可堕落、暗昧的灵魂却经常与它失之交臂。

要是有人能够觉察到这道亮光，

那他会说太阳神的光芒也不会比这明亮。

十一 心灵的归属

"我同意，"我说，"因为您将所说的一切，都与严密的推理结合在了一起。"之后，她说："如果你已经明白了善本身是什么，你会给它多高的评价呢？"

"非常之高，是无法被超越的，"我答道，"因为我也将借此开始认识神，他就是善。"

"因此我也要用最有效的推理，将这一点论证清楚，"她说，"假如我们刚才得出的结论能够成立的话。"

"应该可以。"我说。

她说："许多被人追求的东西，由于彼此相异，而并非真正、完美的善。既然是彼此都有欠缺，就都不能被称为完全的和绝对的善。只有当它们都能够会聚进入一个形式时，才能产生真正的善。这个形式作为动力因，使满足、权力、尊敬、名望和快乐成为相同的东西。如果这些东西不是同一的，它们就不能够表明自身包含着值得我们追求的要素。以上的道理，我们刚才已经讲过了。"

"是的，已经论证过了，"我说，"并且它是不可否认的。"

"因为那些东西彼此之间存在差异，所以它们并不是善的，但是如果它们合为一体，就又变成善的了。它们因为得以'合一'而变成了善，真的是这样吗？"

"看起来是的。"我说。

"凡是善的东西都因为它分有了善才成为善的，你同意这个观点吗？"

"同意。"

"同理，你也要承认，因为具有相同的本质，'一'与'善'也是相同的，并且根据其本性，它们所生的功效也无差异。"

"这我无法进行否认。"我说。

"那你知道吗，"她说，"事物只要保持是'一'，就能够存在和持久；一旦不再是这种状态，就要毁灭和消失？"

"何以见得？"

"以生物为例，"她答道，"只有当肉体与灵魂相结合，并始终合一时，才是所谓的生物；一旦统一体瓦解，灵、肉分离，那它就会灭亡，不再是一个生物了。再说肉体本身，只要是肢体相连、保存完好，看上去就还是人的形状；如果各个部位断裂、肢解了，甚至从整个身体中撕了下来，那么肉体也就不

西风神与花神们

能称之为肉体了。思考一下其他例子，肯定也会发现：只要事物还是'一'，就可以维持下去，一旦'一'不在了，也就消亡了。"

"看起来，再举例下去，"我说，"也不会有例外。"

"那么，会不会有这样的事物，"她问，"虽然它的其他活动都很正常，但是却不想要继续维持下去，而是渴望自身走向腐朽和毁灭呢？"

"如果以生物为例，"我答道，"它们确实是天生就有取舍能力，但是我发现，只要是生物，除非迫不得已，都会努力地活下去，而不会自愿选择加速自身的灭亡。因为每个动物都会为保护自己、躲避死亡而奋力拼搏。至于花草树木或者非生物会怎样，我实在吃不准。"

"其实对此你也不需要有什么疑惑，因为你应该已经觉察到，花草树木总是在适合它们的地方生长，只要自身条件允许，它们就能够一直避免枯萎和死亡。它们之中有的生长在田野中，有的生长在高山上；有的依靠沼泽供养，有的则附岩而生；更有一些竟然在贫瘠的沙漠里都能够完成繁殖，如果被移植到别处，它们反而活不了。自然所

赋予的东西是必然有用的，只要它们肯于忍耐，就一定能够帮助它们避免死亡。难道你不觉得，它们的根系就像是嘴巴，被埋在了土里，汲取着营养，并用木髓和树皮传输着力量？像木髓那样最为柔软的部分，总是被藏在里面，外面被严严地裹着坚硬的木质，最后还有树皮在最外面，构筑起了一道能够抵御寒暑的防线，你不觉得它们是能够经受得住摧残的吗？大自然还让它们传宗接代。这种关爱，真的是无比的伟大！作为机理，它们不仅要存活，而且还要生生不息地进行繁衍。这一点不是众所周知的吗？

"那些被认为没有生命的东西，不是也同样在渴求着适合于自身的特性吗？火势轻盈而上升，大地沉重而下压，它们的方向、它们的运动，不正是各得其所吗？那些与某物相匹配的东西，都能起到保护作用；正像那些对它们有害的东西，总是会毁坏它们一样。再比如，像石头这样各个部分凝聚得最牢的硬物，是不易碎裂的；而空气或水这样的流体，却真的是很容易分割，但是被划过之后，它们的各个部分又都很快合拢了；而火焰，你是怎么割也割不开的。

"在这里，我们既涉及了理智的自主运动，又涉及了天性的运用，比如，我们对咽下的食物的吸收，便是在不知不觉中进行的；当我们睡眠时，也会下意识地进行呼吸。因为，即便是生物，也不仅是靠心志活动，而更要依靠天然法则来传达自己对生存的爱恋。当然，在迫不得已的情况下，意志有时也会选择死亡（尽管它天性惧怕并且逃避死亡）；至于繁殖活动（这是可朽事物能够延续的唯一保障），虽然天性对它总是有所欲求，但是意志有时候却会抑制它。由此可见，自爱是发自天性的运作而不是发自灵魂的活动。因为神已经把这个最为重要的生存动因赐予他的造物，因此它们渴望尽可能地活下去是天然的。所以，你没有任何的依据和余地可以对‘万物天生就寻求生存的延续，避免自身的毁灭’进行怀疑。"

"我承认，先前我的疑惑，如今涣然冰释。"我说道。

她说："因为一旦统一性遭到破坏，继续存在就不可能实现，所以凡是事物寻求生存和延续，就都渴望成为‘一’。"

"是的。"我说。

"所以说，万物渴望合一。"她说。对此我也表示赞同。

"而且我们已经确定，‘一’就是善。"

"确实如此。"我说。

"所以我们可以说，万物追求善；其实你也可以换种说法：善是万物所渴求的东西。"

"非常正确。"我说。

"这是因为，要么万物没有首领，彼此之间没有任何联系，像一盘散沙，随意飘荡；或者是，有某个东西，是万物运动的最后归宿，那么它就是万物的至善。"

接下来，她又说："我非常高兴，亲爱的学生，你已经能够将真理的根本标记牢记在心。刚才你还说吃不准，现在则已经明白了。"

"您指的是什么呢？"我问道。

"它曾经是万物的目的，"她回答说，"而且永远是万物所渴求的。既然已经认定它就是善，我们就得承认，善是万物的目的。"

孜孜寻索真理和不愿误入歧途的人，

就要用内心之光返照自己，

将他那出格的行径拉回或迫使其

进入规矩，还要使自己明白，

他想要的内在宝藏，

已经被他为之奋斗的种种身外之事损害。

这块瑰宝最近被错误的乌云蒙蔽，

但最终将会发出比太阳还耀眼的光。

即便肉体将遗忘的重担加于心灵，

却未能泯灭所有亮光：

内心确实仍保留着真理的种子，

被学识春风吹拂后它将苏醒。

若有人问，你为何会有

自知之明，难道你内心深处

具有点亮的火引？

如果柏拉图的缪斯吟唱的是真的，

那每个人的所学，就是对遗忘之事的回忆[1]。

---

1 根据柏拉图的"回忆说"（anamnesis），当人出生时，灵魂被囚禁在体内，因此将有关永恒理念世界的所有已有知识遗忘了，所以今生对真理进行研习，是对所遗忘的知识进行一种回忆。

十
二
　
柏
拉
图
的
影
响

　　于是，我说："我非常赞同柏拉图。您是第二次提醒我这些事情了。头一次，是因为肉体污染了记忆，使我遗忘了它们；而第二次遗忘，则是因为我的痛不欲生。"

　　对此，她则说："如果你对我们目前所认同的事情有所反思，就不至于记不起你刚才在说的那些不知道的事情。"

　　"您指哪一点？"我问。

　　"宇宙被统治的方式。"她回答。

　　"我还记得当时我承认了自己的无知，"我说，"现在，您已经将此事阐明，我也已经略有领会，但是我还是希望您讲得更透彻一点。"

"你开始时说过，这个世界是由神统治的这一点是毫无疑问的。"

我说："无论现在还是将来，我都不会对这一点产生怀疑，而且我还要对我采取这一立场的依据何在作一下概述。各种不同或对立的部分构成了这个宇宙，假如没有谁来将这些元素结合在一起，那它就永远都不会成为一个统一的整体。假如没有谁来将已有的联结进行维持，那由各类本质所组成的这个复合体将会分崩离析。更有甚者，自然秩序也将无以为继，事物不再像原来那样于时空之中，按照它们各自的功效、体积和质量，去做有规则的运动，除非如此纷繁的变化一直在被谁安排和规范着。不管它是谁，因为有了他，造物才能得以存在和运动，所以，我们都要用大家习惯用的名称来称之为神。"

所以，她说："我想，既然你已经有了如此感悟，我帮你平安返回故土、得以享受幸福的工作，就已经初有成效了。让我们再看一下已经得出的论证。我们已经把满足归之于幸福名下，并且认为神就是幸福本身，对吧？"

"是的。"

"因此，"她说，"他并不需要外力的帮助，就可以对宇宙进行统治，不然的话，它就不圆满了。"

"肯定是这样的。"我说。

"所以，只有他能亲手对万物进行安置，对不对？"

"千真万确。"我说。

"我们还曾经说过，上帝就是善本身。"

"这一点我也记得。"我说。

"因为他亲自对万物进行管理，而我们又确定他就是善本身，所以，他也是依照善来安置万物的。这好比就是织机的横梁或手柄，具有它，才能将宇宙这个编织物保持得牢固和完好。"

"我完全赞成这个观点，"我说，"我就知道您会这么说（其实我只是朦胧地猜测）。"

"这点我相信，"她说，"我看得出你正在凝神察看真理。但是，我下面将要说的，也同样会清晰地摆在你面前。"

"接下来要说什么呢？"我问道。

"我们确信，神将善作为舵柄统治万物，同时，正如我刚刚所教你的，万物也在天性的驱使下向善奔去。那么，万物是自愿接受统治，并且心甘情愿服从安置者的命令，好像天生与它们的统治者协调一致。这一点是不是也毋庸置疑？"她问道。

"当然，"我说，"如果那竟然成了套在他们脖子上、让他们无法忍受的一个轭，而不是对驯服的臣民们的一种保护，他的统治也就不会幸福。"

她说："因此，只要是天性未泯的事物，就不会想要与神作对，对不对？"

"没错。"我说。

她又说："既然我们已经确信，神在幸福方面是强劲无敌的，要是有谁胆敢对抗神，他能取得哪怕一点点的成功吗？"

"当然是什么都干不成。"我说。

"所以，没有任何人会与这个至善作对，是吗？"

"我看是的。"我说。

"由此可见，至善牢牢地统治着万物，并且好好地安置着它们。"

于是我说："您论证所得出的结论，尤其是您使用的那些辞藻，是多么令我欣喜！现在，我终于因为那些曾经苦苦折磨我的愚蠢念头而感到自惭形秽了。"

"你可能读过'巨人挑战天庭'这个故事，"她说，"理所当然，他们最终被仁慈的刚毅者挫败。你是否愿意来进行一下互相辩驳？因为这种碰撞可能会迸发出真理的火花。"

"只要您高兴。"我说。

"神有超乎万有之上的力量，这一点是谁都不会怀疑。"她说。

我说："只要是头脑清醒的人，就都不会对这点进行怀疑。"

她说："既然这样，那么他就没有什么事情是做不了的。"

"没有。"我说。

"但是上帝不能作恶，是吧？"她问道。

"绝对不能。"我回答说。

她说："既然没有什么事情是他做不了的，而他又不能作恶，所以，恶就是虚无。"

"您这不是在跟我开玩笑吗？"我说，"您的论辩编织成了一个令人难以捉摸的迷宫，而您忽而从出口进入，忽而又从入口出来。您不是在反反复复地重申，似乎那是神的简洁性所拥有的神奇循环？不久前，您刚从幸福出发，说它就是至善，且位于至高的神里面；接下来您又指出，就是至高的善和完全的幸福构成了神本身，因此，我还得到了您给我的一个结论（就像给了个小礼物一样）：谁都不会幸

福，除非他也成为一个神明。随后，您又提及，相同形式的善也正是
上帝和幸福的实质，并且教导我说：一与善是整个自然世界孜孜以求
的同一个东西。最后您又说，神用善作为舵柄来统治万物，并且万物
也甘愿服从；您还说，恶没有真正的本性。但您却不是通过外部获取
的论据，才得出这些结论的，而是仍旧打转在我们内在的范围里，每一
个论点的有效性，都是从另一个论点中得来的。"

她说："我们绝不是在开玩笑啊，只不过是从一开始就祈求神，
并在它的保佑之下，对万事万物中最为重要的东西进行了探究。这就
是神性实体的形式，既不会溜到外部事物中间，也不会从中吸纳任何
东西，而是——正像巴门尼德[1] 所说的：

像一个八面玲珑的球体。

它将宇宙之环推着旋转，但它自身却保持不动。你既然已经受到
过柏拉图权威的熏陶，能够知道名与实应该相符，既然如此，要是我
们的探讨立足于我们所着手的领域，而不是从外部求得论据，你也就
应该没有什么好大惊小怪的了。"

可以看到善的洁净源泉的人

是幸福的；

可以除去尘世枷锁的人

也是幸福的。

---

1 巴门尼德（约公元前515年~前5世纪中叶以后），是一位诞生在爱利亚的古希腊哲学家。
他是前苏格拉底哲学家中最有代表性的人物之一。他认为没有事物会改变；我们的感官认知
是不可靠。著有哲学诗《论自然》。

古代的色雷斯诗人[1]

为了亡妻而悲歌，

过去他运用如泣的旋律

让树林翩翩起步，

使河流为之驻足，

雌鹿用无畏的面颊

去依偎着凶猛的狮子，

野兔也毫无惧意地望着猎犬，

因为他的歌带去了安宁；

俄耳甫斯

而当忧愁对他内心的煎熬更加猛烈的时候，

那些安抚众生的旋律

---

1 指古希腊神话传说中的俄耳甫斯。他的父亲是太阳神兼音乐之神阿波罗，母亲是司管文艺的缪斯女神卡利俄帕，是九缪斯之首，掌管诗歌（特别是史诗）。

也无法使它们的主人平息，

这是因为怨尤无情的天神，

进入了地府。

悦耳的曲子

伴着歌般的琴声，

他从母神最初的源泉里

汲取了这一切，

而令他痛不欲生的事和

使他痛上加痛的爱，

一起化作了他的哀歌，

令冥河[1] 的灵魂也为之感动，

他用甜美的祈求，

去向哈迪斯冥府之主求恕。

拥有三首的看门犬塞博鲁呆立着

为他奇特的歌声所深深吸引；

平日里令罪人胆战心惊的疾恶的复仇女神

如今却伤心落泪；

伊克西翁飞轮也

不再旋转他的头，

干渴难熬的坦达勒斯（Tantalus）

也不屑于再去俯身喝水；

被俄耳甫斯的旋律所喂饱，秃鹰

---

1 马塌畔（Cape Matapan）的冥河附近有一洞穴，是冥府入口之一。

就不再撕扯提提俄斯（Tityus）的肝脏[1]。

终于，冥府主人以怜悯的口吻

说："我们被折服了。

我们允许这个男人将他的妻子带走，

他的歌为她赎了身；

只不过这恩赏还有个条例进行约束，

就是他离开塔尔塔罗斯（Tartarus）的时候，

不可以回头看。"

可有谁会把律条施于爱侣呢？

爱的律条，莫过于爱！

唉！就在黑暗的边境，

俄耳甫斯与爱妻欧律狄克

看了，没了，死了。

这个故事就是说给你们这些一心想要

追求上界光明的人听的。

克服了艰难的人，

不管他带着什么好东西，

都将在他回望

塔尔塔罗斯的深渊时失去。

---

1 伊克西翁因企图非礼宙斯的妻子——天后赫拉，而被罚绑在飞轮之上；坦达勒斯因泄露了众神秘密而被罚站在果树下齐脖的水中，他想吃想喝的时候，水和果子都会避开他；提提俄斯横躺下来可以覆盖九亩之地，他因为对阿波罗生母勒托（Leto）不恭而受罚，一只秃鹰不停地撕咬他那不断修复的肝脏。

卷四　掌命运之舵

无论哪种运气,

不管它带来的是喜是忧,

都是为了奖赏或磨炼好人

和惩罚或纠正坏人而给予的,

所以, 每一种运气就都是好的。

一　善的强大

　　哲学女神温柔而又亲切地吟唱了诗句，她依旧脸色庄重、表情肃穆；而我，还没有完全忘却内心的痛楚，就在她要启齿再说的时候，将她打断："尊敬的女士，您指明了通向真正光明之路。很显然，到目前为止，您向我讲述道理的时候，既神圣而又充满自省，据理而又无可辩驳；您还向我讲了一些事情，那些因为我新近伤口疼痛而被遗忘了的事，可在这之前，我对它们还是能够有所认识的啊！但是，导致我伤心的最大原因是：虽然确实有一个善的宇宙统治者，可是邪恶

维纳斯与丘比特

仍然存在，甚至得不到惩罚。您可以想想看，仅这一件事就足以使人迷惑不解了。更有甚者：一边恶人猖獗、横行霸道；另一边善却得不到善报，反而遭受小人的蹂躏，被其打翻，乃至替恶受罚。这种事情发生在全知全能、一心向善的神的国度，竟然没有人感到惊诧或者进行抱怨。"

于是，她回答说："如果真是像你所说，在一位管理事务井井有条的伟大主人的屋子里，宝器弃如敝屣，但没用的器皿却备受珍视，那确实是极其可叹的，比恶的征兆还要可怕。但实情却并非如此。如果我们刚才得出的结论依然有效或站得住脚，那么，在神的保佑之下，你将看到，在所谓神的国度里，善的力量总是强大，恶则显得可鄙和虚弱，恶总会有恶报，善总会有善报，成功将与好人相伴，厄运总与坏人相随，诸如此类的事情，都将使你的信心坚定，将你的抱怨抚平。既然我已经为你指明了真正的福祉，而你也已经看到并知道了它的所在，那么，在将那些必不可少的事情处理妥当了之后，我会给你指示回家的路，为你插上思想的翅膀（它将会高高飞

翔），随着烦恼的烟消云散，你将在我的引导之下，坐上我的车，踏
着我的路，平平安安地回到你的故乡。"

我拥有轻盈的翅膀，

能够飞上高高的天堂；

如果你的慧心，可以插上翅膀，

鄙视可恨的尘世，

透过厚厚的大气层，

对那些云彩进行回望。

天火熊熊，上气涌动，

它穿越过了天火的最顶端，

当它升到了星宫，

走上了太阳神的道路，

或和冷老仙[1] 结伴而行，

同他的明星共辉；

或于星斗满天的夜色里

和环舞的星星同旋。

它因这一番成就而知足，

并且离开了遥远的天极，

站到奔涌的上气的边缘，

对它的威严的亮光进行控制。

在这里，万王之主握着权杖，

---

1 "冷老仙"是指土星，可见的五颗行星中最远的一颗。

掌控着世界的缰绳，

驾起轻快的马车；

而显赫的宇宙之主他自己

却岿然不动。

假如这条路带你重返

你正在迷迷糊糊找寻的地方，

你会说："我记起来了，这正是我的故土，

我在这里出生，我要在此停歇。"

假如你愿意回望

已被你离弃的黑暗尘世，

那么在你看来，

那些在百姓头上作威作福的暴君，

也不过是一些流放者。

二 恶的虚弱

于是，我喊道："太好了！您向我承诺的，是多么伟大的事物啊！我不是担心您做不到，只是，既然您已经唤醒了我，那就别让我再等待了。"

她说："首先，你可以看到，好人总是充满力量，而坏人则是无力的，因为这两条是相互证明的。善恶不两立，如果证明了善是有力的，那恶的虚弱便不用多说；如果恶的脆弱显而易见，那么善的有力也就可想而知了。当然，更重要的是我们的意见是否可靠。我将这两条途径并重，就是说时而从这一方面、时而又从那一方面，来对我的命题进行确证。

"人类的行动之所以能够实施，离不开两样东西：意愿与能力。缺乏其中任何一个，人便会一事无成：如果缺乏意愿，人就不可能着手做事，因为他没有做事的想法；如果缺乏能力，意愿自然也会落空。为此，要是你见到有人想要得到他未尝拥有过的东西，你不要怀疑他没有能力去获取他想要的事物。"

"这是显而易见并且毋庸置疑的。"我说。

"如果你见到有人得到了他梦想中的东西，你还会对他做这事的能力进行怀疑吗？"

"完全不会。"

"因此，凡是人能够做到的，就可以说是他的强项；不能做到的，就可以说是他的弱项。"

"这个我承认。"我说。

"那么你是否还记得，"她问道，"我们前面得出的结论：促使人类进行追求的那些意愿，都是向着幸福而去的？"

"记得，"我说，"那也是证明过的。"

"此外还有，幸福就是善本身，人类对幸福进行追求，也就是对善的渴求，关于这一点你还能不能想起来？"

"这个我想都不用想，"我说，"因为对此我记得很牢。"

"因此，人啊，不管好坏，都会力求达到善，都不会想被分出好坏来。"

"的确如此。"我说。

"但是很显然，人因为得到善而变好。"

"当然。"

"那好人得到他们想要的东西了吗？"

"似乎得到了。"

"假如坏人也得到了他们梦寐以求的东西（也就是善），那么他们便不再是坏人了。"

"是的。"

"既然双方都追求善，而前者能够获得、后者却会落空，那还会有谁怀疑好人有力、恶人虚弱呢？"

"抱有怀疑态度的人，"我说，"既没有办法了解真相，也很难理解那些推论。"

"如果让两个人去做相同的自然动作，"她说，"其中的一个凭借自己的本领去做并将这个动作做得很好；而另一个人，则因为不懂得对自己的机能进行运用，所以就是靠模仿他人而不是靠本事来完成规定动作的——你说，在这两个人当中，哪个更强一些？"

"我虽然能够猜出您想要我说的话，"我说，"但是我还是想听您详细说一下。"

"对于人来说，走路是很自然的，"她说，"你不会对这一点进行否认吧？"

"绝对不会。"

"你自然也不会怀疑，对于双脚来说，做这个动作是它的本事，是不是？"

"不会怀疑。"我说。

"如果一个人可以靠双脚走动，而另一个人则因为腿脚不便，非要倚着双手行走，那么你觉得这两个人中哪一个更厉害一些呢？"

"这言下之意嘛，"我说，"没有人会进行怀疑，能够行使自然功能的人会更强一些。"

"至善同时出现在好人和坏人面前，好人凭借德行的本事来对它进行追求，而坏人却只是依靠摇摆不定的欲望去追求它，难道你不这么认为吗？"

"是的，我是这样认为的，"我答道，"因为结论很明显。从我已经赞同的命题出发进行推理，必然可以得出：好人有力，坏人虚弱。"

"你推得很好，"她说，"这说明你天性复萌并且有了抵抗力，这也正是医生们所乐见的。在你已有良好的学习基础的前提下，我将要推出一系列论证。你看那些堕落者是多么的虚弱，纵然有天性吸引甚至驱使，他们却仍旧无法达到。若是这一无比强大的帮助丧失了，他们没有了天性的引导，结果会怎样呢？试想一下，那种钳制着坏人本身的虚弱，是多么强大啊！他们梦寐以求但却无法拥有的那些东西，可不是什么琐事或玩物；他们所错失的东西，是关系到万物的总和与顶点的，那些小人终日蝇营狗苟却总也不可能达到那一点。而好人的力量在这件事情上则表现得十分明显。无论天涯海角，用脚走路的人都能够走到，因此，你可以断定他们更有力量；同样的道理，你肯定也会断定，获得了万物所共同渴求的终极目的的人，便是最有力量的。同样我们也能够得到反命题：那些小人一点儿力量都没有。他们为什么要放弃美德而去追逐罪恶呢？是因为他们并不知道什么东西是好的吗？——还有什么会比无知更加虚弱呢？也可能他们知道应该追求什么，只是被乱糟糟的欲望引向了歧途？如果是这样的话，他们就是缺乏自制力，抗拒不了罪恶，他们仍旧很脆弱。或许还有可能，他们是自愿地放弃善而转向恶？如果真是这样的话，他们不但没有力量，而且简直可以说是脱离了存在，是离弃了万有共同目的的人。

　　"也许会有人觉得奇怪，我们居然说占人类大多数的恶人并不存在。但这就是事情的真相。对于那些恶人，我虽然不否认他们是邪恶的，但也否认他们是纯粹的人。因为你可以说一具尸体是一个死人，却不能简单地称之为一个人，因此，我可以勉强提及恶人，并说他们的确是邪恶的，但我根本不可能承认他们是。因为，'是'，保留着它的本质并保持着它的秩序。无论是什么，一旦没有了这个，也就等于放弃了存在（这和它的本质有关）。或许你会说，恶人也能够做事。这点我不会否认，但他们这种做事的能力，是源自他们的虚弱而不是源自他们的有力。因为，他们可以做坏事——而如果他们能够坚持做好事，那也就做不了坏事了。他们的这个能力，清楚表明了他们其实能做虚无。我们前面总结说，恶就是虚无，既然这些恶人只能作恶，那显然他们只能做虚无。"

　　"很显然。"

　　"你能够明白，什么是他们这种力量的本质。记得我们曾经的结论是：善是最有力量的。"

"是的。"我说。

"但至善不能作恶。"她说。

"完全不能。"

"那又有什么人会认为，人是无所不能的？"她问。

"没有人会，除非他疯了。"

"可是人会作恶啊！"

"真希望他们不能！"我大声说道。

"既然能够行善的人，可以做任何事情，但能够作恶的人，却未必任何事情都能做，那么显然，作恶的人所能够做的事情要少一些。除此之外，我们还阐明了，所有力量都包括在可欲之事当中，且善又被所有可欲之事当作其本质的顶点来维系。但因为不可能被欲求，所以作恶的能力不会与善相关联。而所有的力量却都是被欲求的，显而易见，作恶的能力不是一种力量。由此可以看出，好人有力，而恶人却无疑只有虚弱了。柏拉图的见解是正确的：能做到他们所欲求的事的只有聪明人，小人所实施的，不是他们所欲求的，而只能是那些令他们高兴的事。他们也做你乐见的事，认为靠这些使他们高兴的事情，就能够获得他们所欲求的善。但因为无耻的勾当于幸福无益，所以他们得不到善。"

你看那些端坐于宝座之上，

高高在上的君主，

身披紫袍，光彩夺目，

身边还有那愤愤不平的武士们前呼后拥，

他们的酷相让你胆战，

他们的歹心使你痉挛——

万一有人剥去自大君王的华丽外衣，

他就会看见殿下们身披枷锁。

因为情欲正在恶毒地诱发着他们的贪心，

怒火激打思绪就像旋风卷起海浪，

闭锁的悲伤使他烦闷，

开溜的希望将他折磨。

因此，你瞧，

暴君们只是扛着一颗脑袋，

却受着很多苛主的逼迫，

他当然无法做自己想做的事。

三 善有善报，恶有恶报

"恶是怎样深陷泥潭，善又是何等光彩夺目的，这你不都看到了吗？容易看出，善有善报，恶有恶报。以一项行动为例，我们可以认为采取行动的理由就是该行动的目的，像赛跑，参加比赛的目的显然就是夺取作为奖赏的锦标。我们说过，善就是幸福本身，就是做事的目的。因此，善本身应该被视为人类一切行动的共同奖赏。善与好人是不能分离的——缺乏善的人不配称为好人——所以，没有奖赏也就无所谓善行。因此，无论恶人如何发怒，聪明人头上的桂冠都不会坠落或凋谢。他人的邪恶根本无法夺走善的灵魂所固有的荣光。有些人因为从别人那里获取东西而欣喜，可没想到其他人尤其是施予者还能够把它拿走啊！一个人的善可以给他带来奖赏，但要是他不再善的话，那奖赏也就没有了。既然人们相信奖赏是好的而对它进行追求，那有谁还会相信一个拥有善的人可能会没有奖赏呢？奖赏究竟是什么呢？就是最伟大、美妙的东西。记得不久前我给你的那份厚礼——那个系定理[1]，是这么总结的：因为善本身就是幸福，所以，所有善的好人显然也都是幸福的。我们还同意，神明都是幸福的。成为神明就是对好人的奖赏，它不会随时衰减，谁都无权侵害它，谁都不能用邪恶来蒙蔽它。这是好人的情况；同样，聪明的人都不会怀疑，恶人总会有恶报。善恶和奖惩，都是两两对立的，因而，我们因为好人有好报的事情所增长的那些见识，一定会以相反的方式在恶人有恶报的事情上体现出来。所以，善是给好人的奖赏；恶则是对坏人的惩罚。受了惩罚的人，肯定也饱受了恶的折磨。因此，如果他们愿意评估自己的状况——虽然他们受到了最无耻的邪恶的影响和传染，这些人是不是还会觉得自己没受惩罚呢？

"你看，与好人的情况相对照，恶人所遭受的是什么样的惩罚！你过去曾经认为，一本身是善，而凡是存在的事物又都是善。由此我们看出：只要事物存在，它就应该是善的。而一旦脱离了善，事物便不复存在。因此，恶人不再是他们以前的样子——迄今还保留着人类的躯壳，证明他们曾经是人类——所以，在转向邪恶的同时，他们也

---

1 参阅本书卷三第十节。

一举丧失了人性。既然只有善才可以使人升华到更高的境界，那么我们就不得不说，邪恶已把他们拖到人类的状态之外，因为邪恶的拖累，他们已经不配称人类之名。所以，你千万别把那些由于恶行而变得扭曲的家伙，称作人。侵夺他人财产表现得贪得无厌的家伙，你可以把他比作一头狼；在争辩中喋喋不休且又蛮不讲理的家伙，你可以把他叫作一条狗；行骗成功之后沾沾自喜的家伙，你可以认为他是一只狐狸；怒气冲天、大吼大叫的家伙，你可以当他是狮妖附体；很轻易就受到惊吓以致逃跑的胆小鬼，你可以称他为一只獐鹿。麻木而又愚蠢的懒汉，他过着蠢驴般的生活；见异思迁且又轻浮之徒，他与鸟雀无异；污秽欲望中的打滚者，他只是沉溺于脏母猪的享乐。因此，谁要是离弃了善，他便不再是一个人，因为他不仅不能升华到神性状态，还变成了一只野兽。"

> 东南风将尤利西斯[1] 的战舰
>
> 和在海上漂泊的舰队
>
> 吹到了仙岛。
>
> 这里住着太阳神的苗裔[2] ，
>
> 她是一位美丽的女神，
>
> 并为每个新客人都调了
>
> 一杯施了魔法的饮料。

---

1 奥德修斯（Odysseus）是伊萨卡岛（Ithaca）的国王，古希腊著名英雄，智能双全，为《伊里亚特》中的主角之一，史诗《奥德赛》的主人公。在罗马神话和传统文学中，他被称为尤利西斯（Ulysses或Ulixes）。
2 瑟希（Circe），太阳神的女儿；珀瑟（Perse），海神的女儿。

运用精于调制的手，

她将他们变成了各种模样：

一个显出了野猪的样子，

另一个则是非洲的狮子，

长出了尖齿利爪；

有的正在变成狼群里的一员，

他想要哭泣，

却成了号叫；

有的则成了印度虎，

在屋子四周晃悠。

固然阿卡迪亚飞神[1]

同情这位受着怪病困扰的船长，

将他从主人的毒药中解救出来，

可是那些水手的喉咙

已经饮下了邪恶的饮料，

所以他们变得像猪一样，

面包也变成了栎子，

他们迷失了，

声音同身体，

都一一发生了变化，

唯有每个人的内心依然坚定，

---

1 这里指墨利，罗马神话中宙斯与女神迈亚的儿子，生于阿卡迪亚的西林奈山；在奥林匹斯山担任宙斯和诸神的使者和传译，同时又司畜牧、商业、交通旅游和体育运动。

在感叹自己需要忍受这副怪兽的模样。

啊，多么乏力的手，

多么无效的药！

即便它们有魔力可以作用于人的四肢，

但却无法改变他们的心。

在那之中有人类的力量，

被藏匿在秘密的城堡里。

但也有发作起来更猛的毒药，

它可以使人完全丧失自己——

多么可怕啊！

——让内心都沉沦，

它并不是侵害人的身体，

而是对他们的心灵进行重创。

四　恶人的不幸

　　于是，我说："您说得对，我想也可以这么说：恶人尽管还留有人类的躯壳，但他们在心灵的品质上早已变成了禽兽。而我是多么希望，那些丧心病狂要害好人的坏人，不具备那些能力可及的手段。"

　　她说："我告诉你，这样的想法是错误的。一旦确信恶人的能力被剥夺了，那么他们所受到的惩罚也会减轻。这似乎令人不敢相信，但却是事实：恶人心想事成的时候肯定比作恶未遂的时候更加不快乐。假如说，有作恶的动机已经算是很悲惨了，那么，有作恶的本领就更可怜了，因为要是没有本领，也就无法达到作恶的目的。既然它们各自都相应有着可怜的程度，那你如果看到有谁想作恶、能作恶并且正在作恶，你就能够肯定他在遭受着三重的不幸。"

"这我同意，"我说，"但我真的很希望，有人能够剥夺他们作恶的能力，好使他们快点脱离那种不幸。"

"他们可以很快解脱，"她说，"比你希望的还快，或者说，比他们认为的还要快。因为死在短暂的一生中，来得最迟，而人心又总是认为它是不死的，所以在人的心里老有来日方长的想法。他们往往想不到的是，他们远大的抱负和绝顶的阴谋诡计，竟然顷刻间破灭或终结了。实际上，那就给他们的悲惨设定了期限。假如说，他们会因邪恶变得悲惨，那么，长期的可怜就必定是更加悲惨的。我敢确定，在全人类中他们最为不幸。而最后的死亡，起码也给他们的邪恶设定了期限。对于那被恶行笼罩着的不幸，我们的正确结论就是：所谓无尽无休的悲惨才是没有期限的。"

因此我说："这个结论真是美妙而又不易被人接受，但我承认，它与我们前面的认识是完全一致的。"

"你的想法没错，"她说，"如果有谁觉得结论难以接受的话，最好请他表明前设有假或者前设的联结不能推出必然的结论。否则，当前设都得到认可的时候，绝对没有理由拒斥结论。下面我还要谈到一个同样令人吃惊的问题，但是，它必然也是从已经被承认为真的事项中推出来的。"

"什么问题？"我问道。

　　"相比较与正义所要求的惩罚未能实施的情况，"她回答道，"恶人接受惩罚是更幸福的。现在我不是在费力论证一个每个人心中都有可能出现的观点（即使用报应来改正邪恶，使用刑罚的恐怖来归正，同时起到以儆效尤的作用），我要说明的是另外一种情况：假使恶人没有受到惩罚，也无人责令他们改正，更不会有以儆效尤的考虑，那么，恶人就会更加不幸。"

　　"除此之外，其他的情形又如何？"我问道。

　　她说："我们不是说过：恶人悲惨、好人幸福吗？"

　　"是的。"我说。

　　"能够在可怜的境遇上添加一点好的人，"她说，"比那些不加任何好而又一味可怜的人，不是要快乐一点吗？"

　　"好像如此。"我回答道。

　　"而要是这位可怜的人不仅什么善都没有，却在致使他不幸的邪恶之外再增加一种恶，那么，与他通过分享了善而摆脱不幸的情况相比，前者是不是远远比不上后者快乐呢？"

　　"没错啊！"我说。

　　"而恶人受到惩罚很明显是正义的，让他们逃脱惩罚反而是不义的。"

　　"这有谁能够否认呢？"

　　她说："所有正义的事物都是善的，而所有不义的事物都是恶的——这一点谁又能否认呢？"

　　我回答说："显然不能。"

　　"所以，当恶人受到惩罚时，就有某种善加给了他们（惩罚本身，因为惩罚出于正义，所以是善的）；而当恶人没有受到惩罚、继续为恶的时候，他们会更添一重恶（任由他们作恶不受惩罚，而不惩罚是不义的，所以它也是一种恶）。"

"这我无法否认。"

"所以，恶人获得不公正的豁免，比他们因正义的报应而受罚，来得更加不快乐。"

我说："这诚然是由刚才的结论推衍而来。而我现在要问您：您不准备惩罚吗？为了肉身死后的灵魂？"

"其实有极大的惩罚，"她说，"在这其中有一部分伴随着苛刻的刑罚，另一部分伴随着净化的仁慈。然而现在我不想讨论这个问题[1]。

"我们当前的任务是想让你明白，尽管你好像不堪忍受，但恶人的力量其实是虚无的；其次是想让你看到，之前被你抱怨未罚的那些人，是免不了要因为他们的邪恶而受到惩罚的；再次是想让你知道，你祈盼着尽快结束的放纵，是不可能持久的，因为持续得越久，他们就越不幸福，如果它永无休止，那简直是不幸至极了；最后，恶人不公正地获得豁免，比他们因正义的报应而受罚，来得悲惨得多。而这一点又来源于以下结论：一旦感觉他们能够免于惩罚，那就会有更加沉重的惩罚施加在他们身上。"

于是，我说："看你的论证，实在说得头头是道。但我又转而想

---

1 下文也未见探讨。这里未必涉及"涤罪"（直至公元6世纪之后才有此种意义上的用语），而是涉及柏拉图对话中的神话。

到了那些与人类有关的判断，难道还会有人觉得它们值得相信、值得一听吗？"

"确实如此，"她说，"因为他们那习惯了黑暗的双眼已经不再适应明亮的真理之光；他们夜明昼瞎的眼睛好比那些鸟雀。他们所在乎的只是自己的欲望而并非世界的秩序，他们把随心所欲地作恶而不因此受罚当作一件快乐的事情。

"但请注意，永恒的律法到底规定了什么。如果你的思想已经可以与更好的事物保持一致，那就无须裁判授奖，你就已经加入了更优秀事物的行列。而如果你转向了更坏的事物，也不用找人来惩罚你，因为你自己已经进入了更低事物的堆里。这就好比你一会儿瞅瞅肮脏的地面，一会儿又看看天空，只需凭亲眼所见的证据，撇开一切外部标记，你就会觉得那确实是一种天壤之别。但平庸的人们并不仰望星空：他们被

柏拉图

我们称为一群野兽，难道我们还要加入他们吗？如果一个双目失明的人，全然不记得自己曾经有过视力，并认为自己作为一个人来说，压根儿没什么缺陷，那么我们这些明眼人，难道要和这个盲人一般见识吗？同样，下面这个有根有据的观点，他们也不会赞同：实施不义的人比受害者更加不幸。"

"这些道理我喜欢听。"我说。

"所有恶人都该受罚，"她说，"这你不会否认吧？"

"丝毫不会。"

"恶人不幸福，这一点也是很明显的。"

"是的。"我说。

"所以，你不对那些应受惩罚的人是可悲的这一观点进行怀疑是吗？"

"我不怀疑。"我说。

"那如果让你来当法官的话，"她说，"你认为谁该受到惩罚，是行不义的人，还是受害者？"

"毋庸置疑，"我说，"我会对作恶者进行惩罚，使受害人满意。"

"所以，你认为，行不义的人要比受害者更悲惨。"

"是的。"我说。

"所以，同样的道理，背信弃义一定会给人带来不幸，因此对一个人行不义，很明显意味着行不义者而不是受害者的不幸。可是现在，那些辩护人却反其道而行之，想要通过煽动法官去怜悯那些受到了严重伤害的人。事实上，更应该给予那些侵害者以怜悯，应该让友善并且仁慈、而非怒不可遏的原告，将侵害者带到法官面前，就像领着病人去就医那样，以便通过惩罚来使他们的罪过消除。果真那样的话，辩护律师也就没有存在的意义了，或者，如果他们乐于助人，也可以改作检举人。关于恶人自己，如果让他们了解被他们所遗弃的美德，并使他们知道自己受痛罚之后便会放弃恶污行为，那么在他们掂量了受苦与受益之后，就不会觉得受罚很痛苦了，他们甚至还可能会拒绝辩护律师的努力，而把自己完完全全地交给检举人和法官进行处置。因此，聪明人从来不会为憎恨留下余地：除了真正的傻子之外，谁会憎恨好人呢？同样的道理，也没有理由去憎恨恶人。正如虚弱是身体的疾病那样，罪恶也是心灵的疾病。既然我们说，不应该憎恶身体患病的病人，而是要给予他们同情，那么，那些心灵受到邪恶压制的人，就更应该受到我们的同情而不是摧残，因为邪恶要比任何身体的病弱都要残酷许多。"

为什么你愿意煽起暴乱，

并且自取灭亡呢？

假如你要死，死神便会快马加鞭地

不请自来。

毒蛇、狮子、老虎、大熊、野猪，

用利牙对人类进行猎食，

而人类自己，则用刀剑互相厮杀。

他们悍然发起一场场血腥的战争，

手执兵器，赴汤蹈火。

难道仅仅是由于他们彼此有别、风俗有异？

残暴不需正当的借口。

你不是要参照人的功过，

来进行公正的报偿吗？

那就好好去热爱善人并怜悯恶人吧！

五
神的主张

　　于是，我说："我已经看出了，诚信者和阴险者的功过之中，所含有的幸福和可悲的样子。并且在我看来，即便是有关命运的流俗观念当中也是有好坏之分的：因为只要是聪明人，就都不愿意被流放，不愿意穷困潦倒，而愿意在自己的领域里，青云直上，有钱有势，名声大震，威风凛凛。当统治者在某种程度上能够与民同乐，特别是当法定的监禁、处死等酷刑都能够理所当然地被加于邪恶市民身上时（这是因为这些刑罚正是为他们而设的），这才是一种可以更鲜明地体现智慧职能的方式。而今为何黑白颠倒：本应恶人受到的惩罚，反而却让好人来承受，美德应该受到的奖赏，反而却让恶人给夺走了。如此混淆是非，您怎么解释？我非常纳闷儿并且渴望从您那里弄明白这一点。如果我相信，这一切全都是被机遇所搅乱的，那我肯定就不会那么纳闷儿了。然而我相信神是统治者，这使我备感困惑。他经常把快乐给好人，而把不如意给坏人，但是，与此同时，他又经常使好人备受磨难，而让坏人称心如意。如果我们不知道他这样做的理由，就会认为他的统治与机遇的摆布没有什么两样。”

“当你还不知道秩序的真实根基的时候，”她说，“你当然会认为那事很偶然、很不合逻辑。但是你啊，虽然不了解这个伟大秩序的原因，也千万不要怀疑一切都是被妥当地安排好的，因为有一个善的统治者，在井井有条地治理着整个宇宙。”

> 谁要是不知道，
>
> 大角星如何
>
> 在天顶附近移动，
>
> 为什么牧夫座会慢慢地随着北斗七星，
>
> 将其火光迟迟地沉入海底，
>
> 然后又迅速升起，
>
> 那他就会因上天的律法而惊叹。
>
> 使满月的光芒变得苍白，
>
> 笼罩在深沉夜幕的圆锥中，
>
> 令被她的亮脸遮匿过的星星，

变得黯淡，

令朦胧的月神发现：

百姓的错误见解扰乱了多少国家，

连槌的击打磨蚀了多少青铜响器[1] 。

吹拂的西北风

掀起惊涛拍岸，并不稀奇，

在和煦的阳光下

积雪厚冰融化，

这也不稀奇。

因为其中的原因显而易见，

扰乱人心的，

只是不明的原因。

凡是巧合而又罕见的事物

以及意料之外的东西，都令易感的民众惊奇。

快使无知的迷雾散失吧，

不要再使它们显得如此不可思议！

---

1 这里所说的是一次满月的月食，当时月亮隐入了地球阴影的圆锥之中；当时的罗马人惧怕
这个不祥之兆，所以敲锣打鼓以禳之。

六 命运听命于神

"确实如此，"我说，"但是，因为先前我提及的怪事实在使我感到困惑，而探明原因和揭开谜团又是您的职责，那就请您对您由此得出的结论进行解释。"

于是，她微笑着对我说："你让我谈的这个问题，是所有问题中最重要的一个，无论你多么详尽地去说，恐怕都不能把它说清楚。这种问题，和多头的海德拉（Hydra）[1]是一样的，你解决了它的一个

---
1 赫库利斯所斩杀的九头毒蛇怪，其一头被斩断，伤口上立刻又会长出两个头来。

问题，它还会在同样的地方生出一大堆问题来。它们会没完没了，除非用最活跃的思想之火压服。这是个核心问题，在它之下，神佑的单纯、机遇的突然、命运的手法、意志的自由、神的知识和预定等我们都还要涉及。你很清楚，这些都是非常有分量的问题。而且你还要明白，这些东西也是给你配的一部分药，并且我们要对它们进行一些探讨，虽然时间有限。美妙的乐章必然令你满意，但是你也不要急着去享受，因为我已经为你编制好了一组环环相扣的论证。"

"听从您的安排。"我说。

随后她便谈了起来（好像是从一个新的起点出发）："世间万物的创生，自然变迁的历程，以及各种各样的变动，无一不是由恒定的神圣心灵赋予它们原因、秩序和形式。神圣的心灵坚守着它自己的单纯本性，为万物的运动设置了多种多样的方式。这种方式，当它叫作神佑的时候，就是正在绝对纯正的神圣理智里面被沉思；当它是古人所谓的命运的时候，就是当它关联到它所驱动和安排的事物的时候。要是有谁细究一下两者的实质，那么其中的差异也就很容易便被看出来了：神佑是神圣理性本身，它为万物的最高统治者所固有，安置着万事万物；而命运则是一种配置，它为活动的玩物所内蕴。依靠这一配置，神佑将万物联结得井井有条。神佑将无穷无尽、各不相同的万事万物收容在一起；命运则对因运动而分开的食物进行安置，将它们在空间、形式和时间之中分配开来。所以，当这种时序的展开在神圣心灵的预见之中相统一时，就产生了神佑；而当相同的统一在时间中得以分配展开时，它就叫作命运。

"我们能够说，两者彼此有别，但又相互依赖。因为神佑的单纯里面生发出来了命运的秩序。正好比一个工匠，首先要在脑海里对他要制作的东西的形式进行构思，然后付诸实施，按照时间的顺序，一步步把他先前凭借单纯和瞬发的方式设想出的东西制作出来；同样，神凭借神佑，用一种单纯、不变的方式，对要做的事情进行安排，又依靠命运，以一种延展和历时的方式，完成了他安排的事情。不管命运是不是凭借那些侍奉

巨神阿特拉斯

神佑的精灵产生作用，不管命运的手段是凭借灵魂或是整体自然的效命、星体的运行还是凭借天使的力量或是魔鬼的花招来得以实现的，有一点是很容易就可以看出：神佑是神创造万物的单纯而又不变的形式，而命运则是在单纯的神佑安排下的事物的时序编排和动态交织。

"所以，命运掌控下的万物也同时受到神佑的支配，甚至连其命运本身也隶属于神佑。但是也有些事物，虽受神佑的支配，却不被命运摆布。这些事物因为死死守在伟大的神圣者近旁，因而不受命运可变性的管制。比如那些围绕同一个中心旋转的球体，之中最里面的那个因逼近了纯粹的中心，而成为其他球体的轴心，那些其他的球体在它外面，围着它转。而处于最外围的球体，则做着更大的圆周旋转，

它离纯粹的中心越远，所波及的空间就越大；而如果某个球体汇入或融入到那个中心之中，那它也就纳入了那种单纯性之中，从此不再传播和散布自己。同样，那些远离首要思想的事物，已经深陷于命运的网罗之中；而与万物的中心离得越近的事物，越不受命运摆布。如果事物可以坚守稳固的至高思想，那么它也将岿然不动，并超越命运的必然性。因此，命运的流转和神佑的纯、静之间的关系，正像推理与智性、变化者与存在者、暂时与永恒、圆圈与中心的关系。命运的进程把各类元素按照比例混合，推动着苍穹与星辰，并通过置换来对它们的形状进行改变；它通过同类幼体的成长，来使万物更新不已；它用一条牢固的因果链（因其源于不变的神佑，所以也必然不容变更），将人类的行为和运气绑在一起。由纯正的神圣心灵生发出不可更改的因果序列，再让该序列凭借它自身的恒定性来对流变的万物进行约束（使它们不在偶然性之中湮没）。这就是统治万物的最佳方式。

"也许你认为，万物杂乱无章，而且你也无力对其中的秩序进行思考；但是，万物自有办法将自身引向善（正是善在对万物进行着安置）。因为，凡事都不是为了恶而做的，甚至连恶人也不是为恶而作恶。正如我们已经表明过的，恶人只不过是在追求善的过程中误入了歧途，不再以善为秩序，他们从各个方面都背离了源头，因为远离了至善这个中心。对于好人来说事情有好、有坏，而坏人也同样会碰上如意或不如意的事情。对于这些你也许会说，如此不分青红皂白，简直是不公至极！人类的理智是否真的足够健全，来保证他们对好坏的判断一定是与所想一致的？然而，关于这一点，人们的判断却相互冲突。如果有人觉得某人该得奖赏，也就有人觉得他该受惩罚。

"就算退一步说：有人能够辨别出人的好与坏，但他真的能够洞察人类内心的气质吗（同所谓的身体品质相类比）？情况往往就是这样：不明就里的人总感到疑惑，同样健康的身体，为什么有的适应甜的东西，而有的却适应苦的东西呢？或者，同样患病的身体，有的需要温和的药物来治，有的却要猛烈的药物来治呢？那些医生却不会感到纳闷儿，因为他们了解健康与疾病的状况和品质。你倒说说看，除了善，心灵的健康还会是什么？除了恶，心灵的疾病还会是什么？除了神这一心灵的统治者和医治者之外，还有谁能够既扬善又弃恶？从神佑的高塔向外瞭望，他清楚了每个个体适应什么，并作了适当的安排。这等事情是由无所不知的神所做的，无知的人看到它们却会感到困惑，于是就认为这是命运安排的怪事。

"我们可以举几个大家能够理解的例子阐述上帝的深奥——在知晓一切的神佑看来，你眼中最伟大、最公正的正义保护者的形象似乎正好相反。我们的同仁陆坎（Lucan）曾指出过，征服者的理由让众神欢喜，未被征服者的理由却让卡图欢喜。所以，你如果看到有什么事与你预期的相矛盾，就可能会认为那是不该有的混乱，但实际上它是正常的秩序。假使有一个人，他在各方面都得天独厚，无论神还是人，对他都有一致的判断，但是从心灵的力量方面来说，这个人却仍然是软弱的。万一他遭受什么挫折，也就可能不会再维护自己的清白，因为他的好运气未必总能够以清白的方式来保持。因此，明智的神佑不可能让不该遭罪的人遭罪，以免他无端受苦。再比如有一个非常完美的人，一个神圣地类似于神的人，只要是神佑认为可怕的苦难，都会使他受到影响，所以也不该让他受到身体病患的困扰。一个比我贤能的人曾经说过：

圣人的躯体是上天所造。

"而能够获得人事最高指引的一般是那些好人，因为只有那样才能够打退邪恶。正是依据各人心灵的品质，神佑让部分人拥有了适合于他们、有好有坏的命运；又让那些会因为拥有好日子而变得无所节制的另一部分人陷入了苦恼；甚至还让部分人遭受苦难的折磨，从而通过他们的忍辱负重，来使他们内心的美德更有韧性。有些人有能力承受却害怕承受，有些人无法承受却不当一回事儿——神佑想要让这样的人吃些苦头，凭此来引导和磨炼他们。有些人因光荣牺牲，取得了世人的尊崇；有些人因不向苦难屈服，成为了旁人的榜样——美德不向邪恶屈服。毋庸置疑，这些事情做得很对并且井井有条，并且与那些人的善相符合。同样的原因，恶人也时而遭罪，时而如意。他们遭罪并不使人吃惊，因为大家都觉得他们罪有应得——何况他们的遭罪，对别人而言是以儆效尤，对自己来说是纠正错误——但他们的幸运，却将一个严重的问题摆在了好人面前：他们经常看到恶人过好日子，他们又该如何评价这种现象？还有下面的情况，我认为也是刻意安排好的：有些人本性顽劣且又粗鲁，因此他们对财富的渴望就很有可能会引发犯罪，这个时候，神佑给他的钱财就是为他治病的良方。当人顾及他那被罪行污染了的良心，同时拿自己的品质与运气进行对照的时候，他是会担心的：自己若是没有了令人快活的享受，恐怕是无法生活的。这样他就会改变行为，放弃邪恶，因为害怕丢失运气。享受不属于自己的荣华富贵，也会使人们落入活该的苦难之中。有些人拥有了惩罚他人的权力，那应该就是赏善罚恶的依据。不仅诚信者和阴险者难以达成协议，阴险者之间也很难达成一致。因为他们自己都出尔反尔不讲诚信，他们的良心已经都被邪恶撕碎了，既然他们做的一些事情经常令自己都觉得后悔，那么，他们怎能达成一致呢？

"至高无上的神佑还经常制造这样的奇迹：坏人使坏人变好。一些坏人认为，他们正遭受着比自己更坏的人的侵害，此时，他们因厌恶那些坏人而内心窝火，并力图与引起他们厌恶的那些人划清界限，所以他们就重新获得了美德。神性的本质正是这样，对它而言坏人也是好的。因为只要为他们配上合适的用场，神最终能够在其中提炼出某种善。正因为所有事物都隶属于某个秩序，即便是某物脱离了原有的秩序，滑入了另一境遇，但也摆脱不了秩序。由此可见，神佑王国里的事物，都不会陷于偶然。

"非常可惜，我不得不谈论这些，仿佛我是一个神明。因为，人类既不用凭借天生的能力去理解、也不用靠言辞去表达神的全部事工。只要了解一下下述内容就可以了：造物之神指引它们朝向那安置万物的善；一方面，他急于保留那些按照他的模样所造的事物，另一方面，他又借助于命运的必然进程，把一切邪恶都清除出他的国度之外。如果你对神佑的安排进行一下关注，看一看地上遍布的事物，就可以断定，它们之间并没有恶。现在，我看出你已经被探索的负担压得喘不过气来，被繁杂的论证拖得疲惫不堪了，你正期待着一些甜美的诗句呢，因此，好好喘口气吧，那样你就会再次苏醒，就会走得更远一些。"

假如你可以细心察看

崇高雷神的法则，

仰望高高在上的苍穹，

那里的星星一向和气地

遵守着宇宙的公平契约。

太阳的红红火焰，没能拦住

月神的冰冷的战车，

环绕着天顶飞旋的

大熊座，也没有没入西方的深渊——

固然它看着其他星辰下沉——

也希望自己的火焰能够沉入海中。

时光荏苒，不差毫厘，

昏星宣告夜幕来临，

晨星再次带来了曙光。

彼此相爱，恒动常新，

星罗棋布的地方

完全看不到战乱。

这些元素，和谐共处，

平等相待，好斗的潮湿

只能为干燥让位，

而冷和热，也彼此相得。

熊熊火势，飞腾而上，

大地负重，不停下沉。

也正是因为这种缘故，暖暖春色里

鲜花盛开，芬芳扑鼻，

炎炎夏日里，庄稼开始干燥，

秋天可以收获沉甸甸的果实，

冬天有连绵的降雨浇灌着大地。

这一系列的恰到好处，滋润着

万事万物，使之生生不息，

如此的一种秩序，抓住、夺走并隐藏了它们，

并在终末的时候将造物一一埋葬。

那时的造物主端坐高处，

手执缰绳，对宇宙进行统治，

它们的君王和主人、源泉同起始，

它们的律法，以及明察秋毫的法官，

他要把那些受他触动的[1]，拉回来

让它们不再游移；

---

1 指的是行星。

假使他未曾召唤它们回归正路，

迫使它们再入正轨，

那么井然有序的所有事物

将会和源头决裂，进而分崩离析。

这就是普施于万物的爱；

它们祈望同目的（善）相维系，

这是因为那些生存的因素，如果不能

在回报之爱力量的驱使下，得以回流，

那它们就会难以为继。

七　命运掌握在
自己手中

"你现在能从我们刚才的叙说中得出什么结论吗？"

"那是什么结论呢？"我问道。

"任何一种运气都是好的。"她回答。

"不过那怎么可能呢？"我又问道。

"你看啊，"她说，"既然无论哪种运气，不管它带来的是喜
是忧，都是为了奖赏或磨炼好人、惩罚或纠正坏人而给予的，所
以，每一种运气就都是好的，因为它们被公认为是公正的或者是

有用的。"

"言之有理，"我说，"假设我考虑到您刚刚所说的神佑或命运，就自然明白了这是一个多么有力的见解！不过呢，如果您同意的话，我们还是将它算作您所说的不可思议的事情吧！"

她问："为什么？"

"因为，人们经常套用这种说法（实际情况也是如此）：一些人运气不好。"

"看来，"她说，"你的意思是我们暂且借用普通人的词汇，以免我们有脱离实际之嫌，对吗？"

"您说得很对。"我说。

"难道你不认为有用的东西是好的吗？"

"是这样啊！"我说。

"而磨炼或者纠正是不是也是有益的呢？"

"是啊！"我说。

"因此它们也是善的？"

"谁说不是呢？"

"之所以这样是因为：他们在艰苦挣扎的过程中培养了美德，或者说，他们放弃恶行，踏上了美德之路。"

"完全正确。"我说。

"好人被赐予好运作为奖赏，这又是怎么回事儿呢？难道老百姓不认为这是好事吗？"

"当然，实际上，人们认为这事好得很。"

"那又该怎样来看用正义的惩罚来管制坏人这件苦事呢？难道那

些人不认为它是好事吗？"

"丝毫不觉得，"我说，"他们会觉得它可悲至极。"

"所以，看一下，我们是不是凭借俗世的见解，得出了令人惊讶的结论。"

"什么结论？"我问道。

"从我们已经认可的内容出发，"她说，"我们能够得出：谁拥有或正在增进、求取美德，那么不管他有什么样的运气，也都是好的；但对于那些顽固不化的恶人来说，无论什么样的运气都可能是不好的。"

"这有道理，"我说，"虽然没有谁敢于承认。"

"因此，"她说，"当聪明人被迫与命运进行较量的时候，不应该当它是件坏事，正像战争号角吹响之际，勇敢者不应该有苦恼一样。因为，在这两种情况下，困难就是机遇，后者增进了光荣，前者增添了智慧。这也正是美德之所以成为美德的原因——它凭借自身的力量战胜了苦难。你既已踏上美德之路，便不会耽于淫逸或者沉溺于声色犬马。为了不让厄运压垮或者好运宠坏，你与各种命运苦苦周旋。不仅如此，你还要努力坚守中道，因为不管是有不及还是有过之，都会有蔑视好运的可能，而奖赏却不会轻视你的努力。你的命运完全掌握在自己手中。因为，所有厄运，不是起磨炼或纠正的作用，就是起惩罚作用。"

征战十年之后，

随着佛利吉亚的沦陷，阿特柔斯的复仇之子

165

替床榻遭到冒犯的弟弟复了仇[1]。

因为希望希腊舰队继续航行，

所以他用鲜血换取风力，

他不管自己是个父亲，俨然一副祭司的样子，

用女儿的喉咙去订立盟约（女孩好可怜）[2]。

伊萨卡的奥德修斯因为失去同伴而哭泣，

躺在巨穴里面的野蛮独眼巨人

将他们吞入了便便大腹之中。

独眼瞎了之后巨人狂怒，

他噙着苦涩的泪水，

为以前的享乐付出了代价。

努力苦干成就了大力神的声名：

他驯服了桀骜不驯的人马怪，

他偷偷拿走了悍狮的猎物，

他一箭射到了斯蒂姆法鲁的鸟儿，

他夺回了看守的恶龙手中的果子，

他紧紧地拽住金苹果，

并且还用三重锁链拉着赛柏鲁斯。

故事还说，他将残忍的马主打败，

并把他喂给了自己的驽马。

海德拉死了，并且它的毒液烧了。

1 阿伽门农向佛利吉亚的特洛伊城开战，目的是报复帕里斯诱拐了其弟墨涅拉俄斯的妻子海伦。

2 希腊舰队在迈锡尼至特洛伊的途中，因风停而滞留于奥利斯港，为了借风，阿伽门农不得已将女儿伊菲格涅雅献祭。

丢了脸的河神阿克流斯的眉梢折角，

因为出了丑，于是他把脸埋到他的河岸里面。

高大的安泰被大力神打倒在利比亚沙地上，

凯库（Cacus）的死亡平息了

伊凡得（Evander）的怒火。

天盖对他的双肩施以重压，

鬃毛直竖的野猪大汗淋漓。

他用不屈的颈项撑起了天空，

作为对最后一役的奖赏，

他赢得了整个天堂。

伟大的典范指明了道路

勇敢的人儿，向那儿冲吧！难道你还要怠惰

然后扭身逃跑吗？你穿越了大地

蒙赐天上的星辰。

卷五　理智的神圣光辉

神是永恒的，

而世界却只是持久的。

一 机遇的偶然性
与必然性

说完这些，她正欲掉转话锋讨论其他的问题，我立即打断她说：

"您的劝勉非常有道理，与您的权威也很相称。凭借经验，我对您刚才所说的关于神佑的一番话已经有所领悟（虽然这个问题困扰了很多人）。但是，我想要知道，您是否把机遇当成某种东西，如果是的话，它究竟是什么？"

"为了实现诺言，我正在加倍努力，"她答道，"我要为你指明那条可以带你回家的路。你提及的事情，虽然值得了解，但还是有点偏离了我们预想的路径。假如你在小道上走累了，恐怕就很难坚持到大路的尽头。"

我说："这个您不必担心。我们故且逗留片刻，对我最感兴趣的事情进行一下探讨。再说了，既然您的所有论证的可靠性都毋庸置疑，那您的结论也就没什么令人怀疑的了。"

"那就依你好了，"她说，而后立刻补充道，"确实有人认为机遇是随机运动的结果，而非来自因果链。但我断言，机遇什么都不是，我觉得它除了是我们所论及的主题之外，就只不过是一个没有任何意义的声音。因为，上帝已将万物用秩序进行了限定，哪里还会有机遇的份儿？这是因为，虚无来自虚无，乃是真知灼见，虽然古人未曾为之辩驳，但他们提出它，把它当成论述本质的一个基础（虽然他们把它运用于从属的物质而不是创世原则）。

"若有东西毫无原因地产生，那它很可能出自虚无。假如没有这回事儿，那么，我们前面所定义的那种机遇，也就没有可能存在。"

"那何以见得没有可以被确切地称为机遇或运气的东西了呢？"我问，"还是说，这些名字本来就属于某种鲜为人知的事物？"

她说："在《物理学》中，亲爱的亚里士多德曾以一种简洁、真切的论述，给它下了一个定义。"

"他是怎么说的？"我问。

她说："机遇就是带着某种目的做一件事情，却因为这样、那样的原因，预料之外的另一种事物产生了。例如，有人刨土翻耕他的田地，结果却挖到了一堆金子。这并非凭空而来，它正是人们所说的机缘巧合，但它有相应的原因，不是凭空而来的。不可预见且又出乎意料，因此就显得好像是发生了一次偶然事件。

"假如耕夫未曾刨土，假如金子的主人没有将它放在那个地方，那也就不会出现挖到金子的事。由此可见，金子不是谁想挖到就会挖到的，而是一系列的原因导致了它的出现，这笔横财是有来头的。

"因为，无论是藏金子的人，还是刨地的人，都没有想到金子会被发现。而是挖地的人碰巧挖到了另一个人藏在那里的金子。就像我说的那样。因此，我们可以把机遇定义为：在为某种特定的目的而做的事情中，一起发挥作用的原因所引发的意料之外的事件。

"令诸多原因集中发挥作用的是这样一种秩序，它伴随着必然的联系，又因为它源自神佑，所以每件事情都各得其所、各适其时。"

波斯的[1] 崇山峻岭中，
善战的帕提亚人在撤退，
追兵的喉咙，
被他们用利箭穿透。

底格里斯河与幼发拉底河具有同一个源头[2]，
后来它们分道扬镳了。

假如要它们汇合并且再次纳入共同的河道，
如果万流全部归一了，
那水上的船只就会同江水冲来的树干相撞，

1　阿契美尼斯（Achae-menes）是波斯王居鲁士的祖父；在贺拉斯和奥维德等人用法中，形容词"Achaemenius"仅仅指的是"波斯的"。
2　底格里斯河与幼发拉底河同源的说法，希罗多德、斯特拉波及普林尼都认为那是错误的。

而交汇的水，
也会在偶遇的路上掀起旋涡。

但是，这随遇的盲流
总是本性使然地沿着斜坡顺流而下。
而那机遇，
看起来像是在漫无目的地游荡，

也同样套着笼头，
同样循规蹈矩。

二
自由一直都在

　　"我懂了，"我说，"而且我赞成您说的每一句话。但在这一系列环环相扣的原因里面，我们的自由意志还有余地吗？难道这个命运之链，将人类心灵的运动也约束住了吗？"

　　"当然还有自由，"她说，"因为如果天性中缺少了意志自由，那么理性的生灵也就无从谈起了。因为凡是生来就能够运用理性的人，也都有用以决断事情的判断能力。这样，它也就能够分辨出，自己需要避免的和需要欲求的是什么。那样的话，他确定自己想要什

盲诗人荷马在唱诗

么，就去追求；而辨清自己应该避免什么，就远远躲开。因此，凡
有理性者都有自由，包括想要或不想要的。只不过，我敢说，他们每
个人的自由都不平等。天上的神圣实体可以明察秋毫，拥有永远坚定
的意志，并有能力满足自己的欲求。而人类的灵魂，只有当它们对神
圣的思想进行凝神沉思的时候，才是最自由的；当它们滑入物欲中
时，自由便只剩下少得可怜的一部分；当它们被禁锢于血肉之躯时，
自由就更少了。而当它们丢弃了天生的理性状态，并向邪恶投降的时
候，它们所受的奴役便无以复加了。因为，一旦他们的视线由真理的
高度，降到黑暗的低级事物之上，他们立刻就会陷入到无知的迷雾之
中，情绪也会变得恶劣；他们卑躬屈膝、唯唯诺诺，这就加剧了自取
的奴性，所以在某种程度上可以说，他们被自己的自由所囚禁了。神

佑的关注，早已对万事万物进行了预见，他看清了这一点，并依据
各人的功过，对早已注定的赏罚进行了安排。"

太阳神熠熠生辉，

"看到了万物，听到了万事"，

荷马用这样优美的歌声来赞颂他。

可即使是他，也不能使用

柔弱的光线将

大地或海洋的最深处穿透。

而伟大的宇宙造主却不同：

从高处俯视万物，

世上的一切都阻隔不了，

黑夜乌云也无法遮挡。

无论现在的所是，曾经的所是，

还是将来的所是只要一转念，

便可尽收眼底。

唯有他对万事万物进行洞察，

可谓是真正的太阳。

三　神可预知一切吗？

于是，我说："看，我又糊涂了，这次的问题更大。"

"什么问题？"她问道，"快说吧！你的疑惑，我也猜到几分了。"

我说："上帝可以预知一切，人拥有自由的意志，这两件事看起来实在是矛盾极了。既然神可以预见一切，并且从不出错，那么他于神佑中所预见的事情都将必然发生。

"如果自始至终，神不但预知人类的行为，还能预知他们的计划和欲望，那么自由意志就不可能存在了，这是因为人类的行为和欲

178

望，都被无谬神佑预先察知，除此别无其他可能。如果它们可以撇开预见而采取其他方式，那么，神对于未来，就只有不确定的意见，而不再有可靠的预知——我认为，这是对神的亵渎。

"他们认为自己有依据可以解决这个棘手的问题，但我却不这么认为。他们说，一件事情的发生，并不是因为神佑的预见，反过来，而是因为某事即将发生，所以它才瞒不过神佑。这样的话，必然性就悄悄溜到相反的方向去了。他们说，未必是发生了预见到的事情，相反，一定是将要发生的事情被预见到了。好似我们就是以发现预先知道未来事物必然性的原因或神佑的未来失误的必然原因为目标。似乎我们并不要表明：不管原因序列的情状怎样，被预知的事情必定发生（虽然看起来，预知好像并没有把发生的必然性给予未来的事物）。

"假如某人坐着，那么，认为他坐着的这个观点必然是真的；与之相反，假如某人坐着的这个观点是真的，那他也一定坐着。可见，两种情况下都具有某种必然：前者是'看法必然为真'，后者则是'他必然坐着'。但并不是因为看法为真，某人才坐着；而是因为某人先坐在了那里，所以那个看法才是真的。由此可见，虽然真实只能源自其一，但两种情况都具有其必然性。

"在关于神佑和未来事件的问题上，很显然还有这样一种主张：事情之所以能够被预见，是因为它们是将来的事件，而事情之所以发生，并不单单是因为它们已经被预见。但是，无论是哪种情况——不管是因为事情将临而必然被神所预见，还是由于它们被预见才得以发生——都足以令自由意志摧毁。

"但如果说永恒预知的原因是因为暂时事件的发生而构成的话，

那简直就是本末倒置！'未来事情将要发生，所以神才预见了它们'，难道这样说，不就相当于认为'事情一旦发生，便成了最高神佑的原因了'吗？

"当我知道了某事物之所是时，该事物一定如此；同样，当我知道了某事物之将是时，该事物也肯定会如此。所以，被他预见的事情是不可避免发生的。最后，如果有人以为某事物非其所是，那么他的认识不仅不是知识，并且还是与真知相去甚远的错误看法。所以，如果未来事情的发生不确定或不必然，那又如何能够预知它即将发生呢？既然真知不可能掺杂谬误，所以知识的认定者就不会与被认定者不符。知识毫无谬误的原因在于：每个事物都必然是与知识对它的掌握相一致的。

"可是，神又是怎样预知这些不确定的事物的发展情况的呢？

"既然这些事物有可能不会发生，而神却认为它们必定会发生，神岂不是错了？——这种想法已经是对神的不敬，而公然宣扬则更是大逆不道了。但是如果他看到，这些未来事物恰好是它们实际的样子，所以他知道，它们既有可能发生，也有可能不发生，这样一种压根没有掌握任何确然、稳定内容的预知，究竟算是什么样的一种预知呢？它同蒂利希阿斯（Tiresias）的荒谬预言相比，又有怎样的不同？——'只要是我说过的事情，要么就发生，要么就不发生。'而要是神佑只像是人类所做的那样，把不确定能否发生的事情断言为不确定，那他与人类的意见进行比较，又能好到哪里去呢？如果作为万事万物最确定的源泉的他，没有丝毫不确定的地方，那它预知必将发生的事物就肯定会发生。

　　"所以，人类的心意或行为没有任何自由可言，因为预见一切、毫无差错的神佑把它们维系和约束成为了一个现实的发生过程。万一这一点得以确立，人类各项事务就会变得极其糟糕！既然人心不存在自由或自愿的作为，那么按其作为来惩恶扬善也就徒劳无益了。惩恶扬善这一通常所说的正义之事，也会显得非常不义，因为好人和坏人都受特定目的引导下的某种必然性驱使，不是随意而动的。那样的话一切功过是非都成了糊涂账，也就没有德行和恶行之分了。而且，更加糟糕的是：由于万有秩序都源自神佑，人自己根本图谋不了什么，因此我们的恶行也都顺理成章地被归结于善物的造主。

　　"所以，期望什么或禳祷某事的改变，就都没什么意义了。因为，在所有可欲之事都维持着既定的进程时，人还会有什么可期望的和可禳祷的？

　　"因此，人唯一的一条与神交流之路也被堵上了（如果我们真的可以凭借适当的谦卑来赢得神恩的无限回报的话）；那也是人类能够与神进行对话的唯一途径，凭借这种祈愿方式，他们得以融入那个不可靠近的光明（甚至在他们得到追求的东西之前）。一旦认可未来事物的必然性，同时就会认为它们缺乏力量，所以，我们又怎么可能融入并信守他这一万有的最高法则呢？所以，正如您先前的诗歌所说[1]，人类将会不可避免地与源头决裂，以致分崩离析。"

　　到底是何种不和谐的原因

　　将这世界的公约破坏了？

1　参阅卷四第六节诗歌。

神在两个真理之间

设计了何等巨大的纷争，

使得本来独立或分立的事物

互相纠缠又不迁就？

再或者，真理之间并非不和，

而是彼此扶持着，

那肯定是心灵，被躯体的盲目所腐蚀，

依靠自己的微弱之光，辨识不出

这世界的精巧纽结？

但为什么心灵还要

对真理的隐秘特性不断追求呢？

它是否清楚自己想要知道的内容？

可有谁会费心去了解已知的东西呢？

但要是心灵不明白，

那为什么它还要盲目地寻求？

这是因为，有谁会向往自己不了解的东西？

有谁会追求未知的事物，

又怎能确定就找得到它们呢？

有谁能于无知中分辨出眼前事物的形式呢？

要不就是人心体察了天意，

就马上认识了整体与各个部分？

如今心灵被肉体的部分所遮蔽，

它还没有完全忘却自身，

它维持着整体，失去了各个部分。

所以，凡是寻求真理的人

都不可能陷入两极：他既不是全部知道，

也不是丝毫不知，

他还保留着、记着并且反思着整体，

他运用这种高屋建瓴的回顾，

就能够在保留的东西之外

再加上曾经遗忘的那些部分。

四 神佑与人的自由意志

于是，她说："对神佑的这种抱怨由来已久，当年西塞罗梳理预言的时候便已涉及了，而今你心中不能忘怀的也是这件事情。但是迄今为止，你们当中还没有一个人对这个问题进行过详尽而有力的阐述。其中的原因是人类的思维尚不能赶上单纯的神圣预知。人如果有所体察的话，就不会再有任何疑问了。恰好我要涉及这些使你困惑的事情，因此我也不妨在这里进行一下澄清和解释。那些想要解决问题的人试图给出了解释——以为未来事件必然性的原因不是预知，从而提出预知根本不会限制自由意志的主张。我想问一下，为什么你会觉得这个解释不奏效呢？而你除了指出预知之事一定发生这一事实之外，也不能够对未来事物的必然性提出任何证明，不是吗？如果按照你先前所说，预知未尝向未来事物施加必然性，那么，那些由意志决定的事情最后都会笃定无疑地趋往归宿是为什么呢？为了使你明白推论的结果，我们暂且假定没有预知吧。在这样的情形下，那些被意志决定的事情就不会被迫接受必然性，对吗？"

"对极了。"

"而如果我们假想有预知存在，并且它又不会将必然性加于事物之上，我想，那将会使意志自由得到完整而绝对的保留。但你可能会说，虽然预知并不是未来事物指派产生的必然性，但它却是它们必然发生的标记。这样的话，即使预知不存在，我们也要承认未来事物有其必然结果，这是因为标记仅仅指示实况，但并不导致所指事物的发生。所以我们首先要表明，事情都不会撇开必然性而发生，所以，我们便可以把预知看作其必然性的标记。否则的话，如果没有了必然性，预知也就不会成为非存在者的标记。但是我们都认为，一个严密的证明是绝对不能依靠标记或者是离题的论据来支撑的，而必须是从相关的、必然的原因中推衍而来的。

"但预见中的未来事物却并没有发生，这怎么可能呢？如果说，神佑预知事情要发生，而我们却相信它不能发生，那岂不是说虽然它们的确发生了，但就其本性而言，却并没有一定发生的必然性。以下举例进行证明：大凡在事情发生的时候，我们都会看着它们在眼前出现，例如，看到马车夫带领车队掉头之类的事情。可以看出，这些事情发生时，并没有被必然性所迫使，对吗？"

"对啊。如果一切都是因为受迫而动的话，那技能还有什么用呢？"

"所以，当事情正发生的时候，并不具备如此的必然性；而在它们发生之前，也都是属于未来的，没有任何必然性可言。可见，有些事情，是可以在排除一切必然性后发生的。因为我想，对于那些发生中的事情，不是所有人都会说它们在发生前没有'要发生的苗头'。因此，即使是预知中的事物，它的发生也是自由的。有关于当前事物的知识，不会为发生中的事情注入必然性；而有关未来事物的知识，也不会将必然性注入到即将发生的事情之中。你认为这正是问题所在：关于那些未必能够发生的事情，是否还会有所预知？因为预知和未必发生这两样东西似乎不能兼容。而你又以为，一旦事物被预知，它就顺理成章地具有必然性，这是因为如果没有了必然性，它们就根本不会被预知（因为只有确定的东西才是知识所能够把握的）。如果不一定发生的事情被预见了而成为确凿无疑的，那它也只不过是含混的意见罢了，而非真实的知识。因为你会相信，与事实不符的思考与完善的知识相去甚远。造成错误的原因就是：每一个人都认为自己是凭借认识对象的力量与本质来认识它们的。但其实完全不是这样的：我们认识事物，不是根据事物自身的力量，而是借助认识者的能力。我们可以举简单的例子来说明：比如，在对圆球进行感知的时候，视觉采用一种方式，触觉则采用另一种方式。第一种感官在一定的距离之外，依靠其发出的光来对圆球整体进行观看，而后一种感官则对圆球进行触碰，并紧贴着它圆形的表面，一点一点进行触摸。

"人类本身也采取了感觉、想象、理性与理智等不同的关注形式。感觉对固定基层质料的外形进行打量；想象只是对撇开质料的外形进行考察；理性则是把外形也撇开，只通过概括来对显现在诸多个体之中的类型本身进行把握。而理智的眼光则更高：它超越了对整体进行环顾的过程，以纯粹的心眼对单纯的形式本身进行察看。这在其中是最值得关注的方面，

火神赫淮斯托斯

这是因为，认识的高级力量包括了低级能力，但低级能力却无法望高级能力项背。感觉所得到的无非是质料，想象触及不到普遍的类型，理性把握不了单纯的形式。而理智似乎是居高临下的俯视，它运用对形式的感悟，将隶属于形式的万事万物进行区分；也正是凭借这种方式，它把握了其他事物不能了解的形式本身。因为理智知道被理性把握的共性、由想象所获得的外形，和在质料层面上所觉察到的东西，它只要心中灵光一闪，无须运用理性、想象或者感觉，便可以在形式层面上，将所有事物一览无余。同样的道理，理性在对共性进行把握的时候，也不曾运用想象或者感觉去获取想象或是感性层面的东西。因为恰好是理性对它所怀有的共性进行了规定：人类是有理性的两足动物。虽然这是一个普遍性观念，但是众所周知，它同时涉及了想象和感性层面的内容，只是，它不是通过想象或感觉的手段，而是用理性的把握来对这些内容进行思考。同样，虽然想象一直是从感觉出发来对外形进行观看和构思，但它在对感性事物进行概览时，却撇开了感觉，这个时候它所采用的不是感性而是想象的手段。可以看出，上

述各项都是凭借自身的机能而不是认识对象的力量在思考，这你清楚了吗？或者换句话说：因为所有判断都是判断者的行为，因此毫无疑问，各种认识方式都是借助自身的而不是外来的力量在执行任务。"

> 柱廊[1] 曾经向这个世界贡献了
>
> 几位很晦涩的老学究，
>
> 他们以为，感性意象
>
> 来源于身外之物体，
>
> 它们被印到了人心之上，
>
> 就如同人们喜欢用尖笔
>
> 在无字的白纸上
>
> 留下印记一样。
>
> 而要是内部蕴藏着活力的心灵
>
> 显示出一片空白，
>
> 仅是被动地留下了
>
> 其他事物的印迹，
>
> 好像一面镜子
>
> 只是反射事物的虚像，
>
> 那么，人心目中能够洞悉一般概念的力量
>
> 又从何而来？
>
> 什么样的力量，感知了个体？
>
> 什么样的力量，区分了已知的一切？
>
> 什么样的力量，将已分开的万物再度汇集，

---

1 "柱廊"指的是斯多亚门廊（Stoa Poikile）或者雅典画廊；斯多亚学派的创始人芝诺用它做讲堂。

并以更迭的选择

有时昂首朝向至高之物，

有时低头俯就卑贱之物，

然后又用真理纠正谬误，

从而返回它的自身？

这是一种动力因，

比一直被动接受

外物印记的那些原因

要更有力。

而先行激发并推动了

心灵力量的，

是鲜活机体里面的情感运动，

正如亮光刺激了眼睛，

喊声在耳际回响一样。

而心灵力量复苏后，

又将它内蕴的形式唤醒，

进行类似的运动，

然后又把这些形式作用于外来的印记，

并把那些意象同

内蕴的形式结合在一起。

五 人类理性对神圣理智的服从

"在对有形事物进行感知的过程中，感官受到了事物外部特征的影响，并且身体的情感也先行于能动心灵而活动——这种运动将心灵的行动唤起，并激发了内蕴的各种形式。不过尽管如此，假如在对有形事物进行感知的过程中，情感运动未能为心灵打上印记，心灵仅仅凭借其自身的力量，来对那身体性质之一的情感运动进行判断的话，那么，我会说，在这个判断过程中，身体影响的那一些事物完全被撇开，是多么听从心灵行动的使唤，而又不受外来事物的驱使啊！

"所以，按照这个道理，自然有许许多多的知识，分属于形形色色的实体。

"没有其他认识能力的单纯感觉，是属于那些不动的生物（海贝或攀岩生物等）的。想象属于会动的兽类，所以它们似乎已经具有逃跑或觅食的倾向了。但理性（ratio/reason）却只属于人类，就像理智（intellegentia/intelligence）只属于神圣者那样。如果某种知识不仅本能地认识自身的对象，并且对别种知识的对象也能够认识，那么这种知识就更为优越。

"但如果感觉或想象对理性进行否认，说理性自认为可以把握的共性其实压根不存在，那又怎么样呢？因为它们认为，感觉和想象的对象不会是普遍的。所以，要么理性判断是正确的，并且感性事物并不存在，要么理性的概念是空洞的，这是因为感觉和想象的对象是纷杂的事物，而理性却把感性、个别的东西当成共性的东西来对待了。

"如果理性答复说，她真的在其共性方面见到了感性的和想象的对象，但它们却不可能升华为共性的知识，这是因为它们的知识不能够超越形体。我们应该将信任给予那些对事物的认识更为牢靠、更为完善的判断：这样说来，我们这些同时拥有想象和感觉力量、理性力量的人，难道不应该坚持理性主张吗？

"同样的道理，人类理性也会认为，除非它们采取了一致的认识方法，神圣理智是看不到未来事物的。你的主张是：如果事情并不肯定或必然要发生，那也就不能够肯定地预知该事情将会发生。

"因此，这些事情是不可预知的。如果我们认为在这方面有预知，那所有事物就都是凭借必然性而发生的。正好像我们享有理性，同时，我们拥有的判断力也足够神圣理智，正如我们认为想象与感觉应该为理性让路，一样的道理，我们也必须承认人类理性服从于神圣理智是完全应该的。

"所以，让我们尽可能地升华直到最高理智的高度吧！那样的话，理性就可以看到依靠她自己所不能看到的事物。也就是说，在那种情况下，即便未必会发生的事情，也能被笃定无疑的知识所预见，而且这种预知是无限而又单纯的最高知识，不是意见。"

地上各式各样的生物何其多！

其中有的身材修长，依靠腹部力量爬行，

带着尘土，

留下一处处绵延的痕迹；

有的则拍打着轻盈的翅膀，

自由翱翔在空中；

还有的愿意将足迹留在地上，

它们迈着步伐，

跨越绿野，穿过丛林。

全部的这些生物，

虽然在你看来它们形形色色，

但由于脸朝下，

它们都变得感觉迟钝了。

仅有人类，

昂着他们高贵的头颅，

挺身站立，俯瞰大地。

这个姿势使你明白

（除非你也低头沉迷而变傻了）：

既然昂首挺胸，直面仰望上空，

你也应该使你的心灵得到升华，

省得它不堪重负，

坠落到高昂的身首下面。

六 永恒的公正

"我们曾经指出，事物是凭借认识者的本性而不是它自身的本质被认识的。现在，让我们竭尽所能，来对神圣实体的本质是什么进行探讨，以便我们能够知道他拥有什么样的知识。既然理性的人一致认为神是永恒的，那我们就来考虑一下，永恒是什么。因为，这将会使我们认清神圣的本质和知识。永恒就是对无限生命全部、同时和完满的拥有，它和暂时的东西形成了很鲜明的对比。因为所有暂时的东西，都处于当前、告别过去并且走向未来；凡是于时间中建构起来的

194

东西，全部不能拥有整个的生命：它还未曾抓住明天，却早已把昨天丧失。

"日复一日的生命中，你也无非是生活在流动且又飞逝的瞬间里面。所有在时间上持久的东西，即便它无始无终（根据亚里士多德的世界观），即便它的生命可以随同时间一道无限延续，它也不一定就是永恒的。这是因为，它并没有同时包罗或拥有整个生命，即使它也无限，但它还未拥有未来，并且不再拥有过去。因此，不管什么东西，只要它包罗和拥有了完整且又圆满的无限生命，既不缺少未来的东西，也没丧失过去的东西，那就可以被顺理成章地认为是永恒的，并且，这个东西必定总是处于当前，并在当下拥有自身，同时又总可以将无限流动的时间收摄于当下。

"因此，当有些人听到柏拉图主张世界在时间上没有起点也没有终点的时候，就以为受造的世界与其造物主同享永恒，这种想法是不对的。这是因为，寿命的无限延长是一回事儿（这是柏拉图赋予世界的属性）；即刻拥有无限生命的全部在场又是另一回事（这明显是神圣心灵的特性）。

"神并非因为时间上的差距而比受造物显得更为古老，而是因为他本性的纯粹。短暂事物的无限运动正是对这个不动生命的当下本质进行了模仿，因为它不能全部重现当下本质并同它等同，所以它从不动蜕变到动，从当下本质的纯粹退化到将来和过去的无限数量，而且，因为它不能立刻拥有全部完满的生命，所以对于这方面它总是生存不息，似乎在某种程度上对它难以全面表现的东西进行了模仿，它通过将自身与转瞬即逝的当下维系在一起（这一当下同永恒的当下有几分类似），把应有的模样赋予它所碰到的所有事物。既然难以成为永恒，它就紧扣时间永不停息地走下去，这样，它虽然不可能成为永恒进而拥有完满的生命，但却能够随着生命的维持得以延续下去。

"所以，我们如果要给事物起一个恰当的名字，那就请遵从柏拉图的意思说：神是永恒的，而世界却只是持久的。

"既然所有判断都是凭借其自身本质来把握对象的，并且神又具有永恒、当下的本性，因此，他的知识也就永远处于当下的纯粹之中，超越了时间的推移，并且拥有未来与过去无限范围内的一切，将这一切纳入他纯正的认知行为中进行思考，好像它们正在眼前发生一样。因而，你要是考虑一下他用以洞悉万物的预知，就会认定，其预知并非是关于未来的而是与永在当下的知识有关。所以，它应该被叫作'神佑'（providentia）而非'先见'（praevidentia），因为它绝对不是站在事物的最低之处，而是站在世界之巅，展望着万事万物。既然人不要求所见的事情都为必然，那你为什么却要求神目光所及的事物全是必然的呢？最起码，你总不能看一眼，就把某种必然性赋予你眼前的事物吧？"

"这我不会。"

"假如神的当下能够与人的当下进行比较的话，那就可以说：就像你在暂时的当下里看出了某些东西那样，他也在永恒的当下里面洞察了万事万物。因此，神的预知没有对万物的固有本性进行改变，他只是看着眼前的事物，并且事物未来的模样也被它尽收眼底。在辨别事物方面，他也毫不含糊，只用心眼一瞥，便将必然发生的事情和未必发生的事情区分开来，正如你同时见到有人在散步和太阳于空中冉冉升起，虽然你同时看到了这两者，但依然区分了它们，并且断定前者为自发，后者是必然。所以，神的洞悉之眼从不干涉眼前事物而只是观照它们（就时间序列而言，这些事物应属于将来）。

"也就是说，神知道一些事情将要发生，同时也明白一些事情完全没有发生的必然性，所以神所具有的不是意见，而是真知灼见。

"假如在这一点上，你一定要说，神预见发生的事情不会不发生，而不会不发生的事情又出于必然性。你一定要用这样一个'必然性'来套住我的话，我不得不承认，这确实很有道理，恐怕只有神学家才能够提出这点。但我又必须回答：同样一个未来事件，当它和神的知识相关联时，是必然的；而当它被按自身本质进行思考时，又好像是绝对自由的。这是因为，其实有两种必然：一种为纯粹的必然性，比如，人固有一死；另一种则是有条件的必然性，例如，你确定某人在走动，那他必定是在走动。人所了解的事物，不会同它被了解的那个样子有所区别，但是这种有条件的必然性根本就不具备纯粹的必然性。这是因为这种必然性并非源于事物的固有本性，而是源于外加的条件。虽然说某人在走动的时候，是必然的，但他是在自愿走动，而不是被任何必然性迫使的。

"同样的道理，如果神佑把某事视为当前之事，那么它就必然如此（即便它本身并非拥有必然性）。

"神将由自由意志引发的未来事件全部看作当前的，所以它们与神的洞悉相关联，并且以神的知识为条件成为必然，只是它们自己认为并没有丧失天然的绝对自由而已。因此，神所预知将要发生的事情必然会发生，但同时它们确实也出于自由意志。虽然它们必然要发生，但它们发生时却未丧失固有的本性，凭借这个本性，它们在发生之前，仍然有不发生的可能。既然神的知识使它各方面具备了必然性，那它本身没有必然性又有什么关系呢？

"我前面举的两个例子（升起的太阳与走动的人），就很能够说明问题：当这些事情发生的时候，它们不可能不发生。其中的前者在发生前就已经确定要发生，而后者却并不是这样。

"可见，神当下拥有的事物必定发生，只是因为其中有些东西是事物的必然性，有些东西是行事者的努力。因此，我们可以说：这些事物，当它们和神的知识相关时，便为必然的，当它们仅是从自身角度进行考虑时，便不受必然性的束缚。正好比可感的事物，你若以理性对待，那它们便很普遍；你若从它们自身角度来看，那它们便是个别的。

"也许你会说，改变心意我力所能及，我能够使神佑失效，因为我有可能将神佑所预知的事情改变。我承认，你确实能够改变你的意图，然而，你能够这么做、会不会那么做，以及你会转往哪个方面等，全都收入了神佑真理的眼底，所以，即便你因为自身的自由意志，而对行动路线进行了改变，也逃不出神的预料，就如同你逃不出目击者的视线那样。

"这样你还有什么话说？难道说，我通过调整将神的知识进行了改变，我一会儿要做这事，一会儿又要做那事，那神岂不是也需要把这种知识转变为那种知识？完全不会。这是因为，神的洞悉赶在了前头，将未来事件扭转过来，并使之回到神知的眼前；他并非像你想象的那样，一会儿这样预知，一会儿又那样预知，而仅凭一瞥，就把你的种种改变尽收眼底。神之所以可以即刻将一切尽收眼底，并不是凭借未来事件，而是源于他本身的单纯性。这样，你前面的问题也便有了答案：我们不能说，我们的未来行动给神的知识提供了原因。因为，像我们所说的那样，神在当下的认知行为中，令他的知识从本质上包含了所有事物，并为之建立了标准，而不用凭借未来事件。既然这样，一方面，人类意志的自由仍旧不可侵犯；另一方面，对摆脱必然性之后的意志进行奖赏处罚的律法也未失去公正。

　　"神作为居高临下、预知万物的观察者依然存在。他的当下永恒的视野和人之行为的未来特质相互协调作用，从而令好人得赏、坏人受罚。我们对神的期盼，我们的祈祷，都不会落空。只要我们的祈求合情合理，自然会有效果。弃恶扬善吧，全心向往正道吧，恭敬地向上天祈祷吧！崇高的必然性已经被郑重地赋予你。面对洞悉万物的法官行事，如果你不想自欺欺人的话，那就行善吧！"